KNEMEYER/WAGNER
Verwaltungsgeographie

KOMMUNALFORSCHUNG FÜR DIE PRAXIS

Heft 26/27

Franz-Ludwig Knemeyer/Horst-Günter Wagner

Verwaltungsgeographie
Geographie und Kommunalverwaltung

mit Beiträgen von
Ulrich Ante, Franz-Ludwig Knemeyer, Wolfgang Pinkwart,
Winfried Schenk, Konrad Schliephake und Horst-Günter Wagner

KOMMUNALWISSENSCHAFTLICHES FORSCHUNGSZENTRUM WÜRZBURG

Die Deutsche Bibliothek – CIP-Einheitsaufnahme

Verwaltungsgeographie: Geographie und Kommunalverwaltung / Kommunalwissenschaftliches Forschungszentrum, Würzburg. Franz-Ludwig Knemeyer; Horst-Günter Wagner. Mit Beiträgen von Ulrich Ante . . . – Stuttgart; München; Hannover: Boorberg, 1991
  (Kommunalforschung für die Praxis; H. 26/27)
  ISBN 3-415-01628-5
NE: Knemeyer, Franz-Ludwig;
Kommunalwissenschaftliches Forschungszentrum ‹Würzburg›; GT

Gesamtherstellung: Präzis-Druck GmbH, Karlsruhe
© Richard Boorberg Verlag GmbH & Co, Stuttgart · München · Hannover · Berlin 1991

Vorwort

Der Raum als Umwelt wird für die Verwaltung immer bedeutsamer. Die Verwaltung wird für den Raum immer entscheidender.

Diese Feststellung von Erhard Mäding, dem Promotor einer Verwaltungsgeographie, im Jahre 1978 getroffen, gilt heute mehr denn je. Gleichwohl behandeln die Verwaltungswissenschaften die Raumkomponente der Verwaltung eher stiefmütterlich, die Verwaltungspraxis punktuell.

Vielfältige Erfahrungen aus Gesprächen in der Praxis wie allgemeine Beobachtungen der Wissenschaften von der Verwaltung sowie der Raumwissenschaft Geographie gaben Anlaß, einen Wissenschaftszweig in einer Schrift für die Praxis – Kommunalforschung für die Praxis – vorzustellen.

Beginnend mit einem Überblick aus der Perspektive der Verwaltung und der Verwaltungswissenschaften wird die Frage nach dem Geographen für die Verwaltung und dem Geographen in der Verwaltung gestellt. – Fehlbestand von Geographen, Fehlbestand an geographischem Denken in der Verwaltung? (Knemeyer)

Zur Beantwortung dieser Fragen werden Inhalte und Methoden der Geographie in ihrem Bezug zur Kommunalverwaltung dargestellt; es wird aufgezeigt, daß die Geographie in der Lage ist, Aufgaben zu erfüllen, die sich der kommunalen Verwaltung, der Raum- und Landesplanung oder der Wirtschaftsraumprognose aus dem vielfältigen Zusammenwirken sehr unterschiedlicher Faktoren stellen. (Wagner)

Um Geographie für die Verwaltung nutzbar zu machen, bedarf es in jedem Einzelfall zuvörderst der geographischen Analysen des einzelnen Raumes. Bedeutung und Methode dieses Instrumentariums werden erläutert. (Ante)

Nach den ersten beiden generellen Beiträgen ist der letztgenannte schon auf den Hintergrund des Kommunalraumes bezogen. Die beiden folgenden betreffen zwei für die Kommunen gleichermaßen bedeutsame Einzelbereiche, den Personennahverkehr und den Fremdenverkehr. Anhand empirischer verkehrsgeographischer Arbeiten in Franken werden Konzepte und Methoden für jeder Planung zugrunde zu legende Fallstudien präsentiert. (Schliephake)

Schließlich gibt der Abschlußbeitrag einen Erfahrungsbericht über empirische Arbeiten zur kommunalen Fremdenverkehrsplanung. (Pinkwart/Schenk)

Auf einem interdisziplinären Symposium beruhend, mögen die Einzelbeiträge dem Verwaltungspraktiker Überblick und Einblick in einen für ihn an Bedeutung gewinnenden Wissenschaftsbereich geben.

Würzburg, im Januar 1991   Prof. Dr. Franz-Ludwig Knemeyer

Inhalt

                                          Seite

Knemeyer, Geographie und Verwaltung

I. Verwaltung und Raum – Raum und Verwaltung 9

II. Gebietsreform und Geographie 11

III. Geographen in der Verwaltung 12

Wagner, Die Bedeutung der Geographie für die Kommunalverwaltung

I. Geographie als Wissenschaft 14

II. Studien- und Ausbildungsschwerpunkte mit Beziehung zur Kommunalverwaltung 18
   1. Gemeinden im ländlichen Raum 18
   2. Agrarstrukturwandel unter veränderten Bedingungen 19
   3. Flächennutzungskonkurrenzen, Verkehrsbelastungen und ökologische Probleme in städtischen Kommunen 19
   4. Wirtschaftliche Grundlagen der kommunalen Entwicklung 20
   5. Sozialgeographische Bedingungen kommunaler Wandlungsprozesse 21
   6. Räumliche Innovationsforschung: Orientierungshilfe für die gemeindliche Entwicklungsplanung der Kommunalverwaltung 22
   7. Einordnung der kommunalen Entwicklung in die Regionalplanung und die überregionale Raumordnungspolitik 23
   8. Räumliche Struktur und Funktionsanalyse und ständige Raumbeobachtung – eine geographische Aufgabe der Kommunalverwaltung 24

Ante, Zur geographischen Analyse des Kommunalraumes

I. Kommunale Tätigkeit und Raumbezug 27

II. Der Kommunalraum: Strukturen, Prozesse, Wechselwirkungen ... 28

III. Der Kommunalraum: Grundlage kommunalen Handelns 29

IV. Der Kommunalraum: Eine je vorläufige räumliche Ordnung 30

V. Der Kommunalraum: Ein politisch-administratives Produkt 31

Schliephake, Empirische verkehrsgeographische Arbeiten in Franken – Konzepte und Fallstudien

I. Mobilität und Lebensraum 35

II. Verkehrsgeographische Arbeitsschritte 37

III. Fallstudien in Franken 39
   1. Stadtverkehr Würzburg 39
   2. Taktverkehr Maintal 42
   3. Infrastrukturplanung in der bayerischen Rhön 43
   4. Eisenbahnstrecke Coburg – Rodach 47
   5. Einzelhandelsnachfrage in Bad Windsheim 50

IV. Bewertung 52

Pinkwart/Schenk, Kommunale Fremdenverkehrsplanung – Erfahrungsbericht aufgrund empirischer Arbeiten

I. Fremdenverkehr im Spannungsfeld von Angebot und Nachfrage . 55

II. Verkehrsgeographische Arbeiten im Angebot-Nachfrage-System . 56

III. Beispiele für Beiträge der Fremdenverkehrsgeographie zur kommunalen Fremdenverkehrsplanung 57
   1. Fremdenverkehrsgeographische Arbeiten bei der Analyse wie konzeptionellen Planung auf der Anbieterseite 57
   2. Verkehrsgeographische Arbeiten auf der Nachfragerseite 59

IV. Zusammenfassung 63

Geographie und Verwaltung

FRANZ-LUDWIG KNEMEYER

I. Verwaltung und Raum – Raum und Verwaltung

Mit den großangelegten Gebietsreformen der 60er und 70er Jahre hat die Verwaltung den Raum entdeckt.

Hat sie auch die Geographie entdeckt? Allem Anschein nach sind oder waren zumindest zu Zeiten der Reformarbeiten auch Geographen Zulieferer für die Reformkonzepte. Sie blieben aber im wesentlichen extern. Weitgehend wurden die raumbedeutsamen Faktoren für die Verwaltung und die Auswirkungen der Verwaltung auf den Raum von Verwaltungsleuten – und das sind immer noch zu einem großen Teil Juristen oder in juristischer Manier ausgebildete Verwaltungsleute – selbst bestimmt.

Frido *Wagener* war es, der als Jurist und Verwaltungswissenschaftler das „Instrumentarium für die Ordnung der Verwaltungsräume" entwickelt hat. Auf ihn gehen auch maßgebliche Impulse für eine Raumentwicklungs- und Stadt-Umland-Planung zurück.

Erhard *Mäding* hat seine zur Zeit des Höhepunkts der Gebietsreformen (1978) gemeinsam mit Alfred *Benzing,* Günter *Gaentzsch* und Jürgen *Testorpf* geschriebene **Verwaltungsgeographie** eingeleitet mit den sicher unwidersprochenen Sätzen:

„Der **Raum** als Umwelt wird für die Verwaltung immer bedeutsamer."

„Die **Verwaltung** wird für den Raum immer entscheidender."

Aus dieser Feststellung heraus wirft er dann gleich einen Blick auf die beiden für diesen Bereich maßgeblichen Wissenschaftszweige und stellt fest:

„Gleichwohl behandeln Verwaltungslehre und Verwaltungsausbildung die Grundlagen von Raumkunde (Geographie)" – richtiger würde man von Raumlehre sprechen – „und Gebietsverwaltung nicht umfassend und systematisch, und die Geographen erfahren wenig von der Verwaltung als Wirkungsfaktor im Raum, für die praktische Berufstätigkeit nötige Kenntnisse müssen auf beiden Seiten aus zufälligen Erfahrungseindrücken oder im Selbststudium gewonnen werden." (S. V)

Auch in der Folgezeit hat Verwaltungsgeographie sich nicht zu einer eigenständigen Teildisziplin der Geographie entwickeln können. Gibt es für Wirtschaftsgeographie, Kulturgeographie, Agrargeographie eigene Lehrstühle und Forschungseinrichtungen, so wird das Kontaktfeld Raum und Verwaltung an den meisten Universitäten von den Geographen nur „mitbehandelt".

Im Bereich der verwaltungsrechtlichen und ohnehin nur rudimentären verwaltungswissenschaftlichen **Ausbildung** hat **Verwaltungsgeographie keinen Stellenwert**. Lediglich die Verwaltungswissenschaften behandeln die Auswirkungen der Verwaltung im Raum und auf den Raum im Zusammenhang mit den durchgeführten Gebietsreformen. In den Lehrbüchern hat dies jedoch keinen Niederschlag gefunden: Das in 4. Auflage erschienene Lehrbuch zur Verwaltungslehre von Werner *Thieme* verliert keinen Satz zu dieser Disziplin; Helmut *Lecheler* (1988) stellt fest, daß eine Verwaltungsgeographie fehlt; das Lehrbuch von Günter *Püttner* zur Verwaltungslehre (2. Aufl. 1989) widmet diesem Bereich immerhin eine Seite.

Auch der österreichische Grundriß der Verwaltungslehre, herausgegeben von Karl *Wenger*, Christian *Brünner* und Peter *Oberndorfer,* bringt wenigstens einen einseitigen Exkurs zur Verwaltungsgeographie, ohne damit jedoch der Bedeutung des Raumes für die Verwaltung und der Verwaltung für den Raum nur im Geringsten Rechnung zu tragen.

Aber auch im **geographischen Schrifttum** sieht es nicht sehr viel besser aus. Hier gibt es jedoch immerhin eine Reihe von Arbeiten, die sich zumindest mit einem Ausschnitt – einem sehr kleinen Ausschnitt der Verwaltung, dem „Beitrag der Geographie zur **Stadt- und Regionalplanung**" – befassen. Interessanterweise kommen die meisten dieser Beiträge allerdings aus der Praxis selbst. Zudem haben sie unmittelbaren Bezug zu der im letzten Jahrzehnt aufgeblühten Landes- und Raumplanung.

Da es mir im ersten darum geht, den **Fehlbestand von Geographen** oder auch, anders ausgedrückt, den **Fehlbestand an geographischem Denken in der Verwaltung** aufzuzeigen, andererseits aber die Wechselwirkungen von Raum und Verwaltung weitgehend erkannt und bekannt sind, brauche ich auf eben diese Wechselwirkungen nicht im einzelnen einzugehen.

Immerhin lassen Sie mich mit *Mäding*, **Verwaltungsgeographie**, zwar nicht definieren, aber doch das **Verhältnis Raum – Verwaltung systematisieren**. Er zeigt die Beziehungen und Wechselwirkungen zwischen Verwaltung und Raum in drei Intensitätsstufen auf:

„1. Die einfachste Beziehung ergibt sich aus den Bestimmungen über die örtliche Zuständigkeit. Jede Verwaltungseinheit hat einen räumlichen Bereich, in dem oder für den sie tätig werden darf oder soll.

2. Die Beziehung wird verstärkt, wenn das Verwaltungshandeln direkt oder indirekt Wirkungen im Raum auslöst, indem es dessen Zustand gegenwärtig oder künftig verändert oder zukünftige Änderungen verhindert. Die Verwaltung wird damit – neben anderen Faktoren – selbst zum Wirkungsfaktor im Raume.

3. Die Beziehungen zwischen Raum und Verwaltung können noch enger sein, wenn Raumwirksamkeit bestimmungsgemäße Funktion einer Verwaltungseinheit ist, wenn sie also speziell eingerichtet wurde, um den räumlichen Zustand zu verändern oder zu erhalten." (S. VI)

Auch hier braucht nur ein Behördenzweig genannt zu werden, um die abstrakte Einordnung zu verdeutlichen; ich meine die **Flurbereinigungsverwaltung**. Jedem wird die besondere Raumwirksamkeit ihres Handelns sofort bewußt, wenn er nur einmal durch das Maintal fährt.

Jede Verwaltung stößt aber auch ihrerseits im Raum auf Bedingungen ihres Handelns und Funktionierens. Die administrative Tätigkeit kann von räumlichen Gegebenheiten erleichtert, gehemmt oder in anderer Weise in ihrem Ablauf beeinflußt werden (*Mäding*, S. VI, führt dies im einzelnen weiter aus).

Für den geographischen Laien – und dies ist in erster Linie ja auch regelmäßig der Verwaltungsmann – wird bei einigem Nachdenken **Geographie** zweifelsohne **bedeutsam in drei Bereichen**: der Gebietsgliederung / Gebietsreform, der Raumplanung und der Standortbestimmung für öffentliche Einrichtungen. Gerade der letztgenannte Komplex gewinnt bei knapper werdendem Raum immer mehr an Bedeutung.

II. Gebietsreform und Geographie

1. „Kartenkenntnis" war in der Verwaltung erstmals augenfällig gefragt bei der großen Neuordnung des deutschen Kleinstaatenbereichs zur Zeit Napoleons. Namentlich die binnenstaatliche Verwaltungsgliederung folgte vom Prinzip her naturräumlichen Gegebenheiten (*Knemeyer*, Regierungs- und Verwaltungsreformen zu Beginn des 19. Jahrhunderts, Köln/Berlin 1970).

Nie später haben diese Faktoren eine solche Bedeutung für die Raumgliederung der Verwaltung erlangt. Es waren andere Aspekte, die den Neuzuschnitt der Verwaltungsräume in den Reformen der 70er Jahre bestimmten. Raumgliederungsprinzipien waren sozioökonomische Verflechtung, Erreichbarkeit und Verkehrserschließung. Die Systeme von Achsen und zentralen Orten sind der Verwaltung als Instrumente der Planung bekannt. Da Verwaltungsgliederung jedoch etwas Statisches ist, sollte bis auf den Aspekt der Beobachtung von Veränderungen die **Hoch-Zeit der Geographie** für die Verwaltung vorbei sein. Zudem – dies muß der mit Gebietsreformen über den gesamten Reformzeitraum befaßte Verwaltungswissenschaftler wiederholen – hat zwar Geographie, haben aber nicht Geographen die wesentliche Rolle bei den Gebietsreformen gespielt. Es war schon eine Besonderheit, daß gerade Bayern mit seiner Zurückhaltung gegenüber wissenschaftlicher Beratung der Verwaltung das **Ruppert-Gutachten** in Auftrag gegeben hat, wohl aus der Kenntnis, in diesem Zweig ausnahmsweise im eigenen Hause nicht vorbereitet zu sein.

Ansonsten wurden bei der Erstellung der Gebietsordnungsvorschläge zum Teil Geographen, etwa Bedienstete der Planungsstellen bei den Regierungen, eingeschaltet.

2. Mit der aufkommenden Planungseuphorie bekam auch die **kommunale Entwicklungsplanung** einen besonderen Stellenwert. Es ging namentlich um Standortbedingungen für öffentliche Einrichtungen; hier waren und sind Strategien der kommunalen Gesamtentwicklung zu entwerfen.

   Hier war und ist die Wirtschaftsgeographie besonders gefordert; wohl wissend, daß volkswirtschaftliche Standorttheorien für Unternehmen sich nur bedingt auf öffentliche Einrichtungen übertragen lassen, da das Rentabilitätsprinzip im öffentlichen Bereich nicht oder nicht direkt anwendbar ist.

3. Den auch in der Folgezeit wichtigsten Einwirkungsbereich der Verwaltung auf den Raum stellen die verschiedenen Kategorien der **raumplanerischen Maßnahmen** dar, begonnen mit den räumlichen Gesamtplanungen nach dem Bundesraumordnungsgesetz und den Spannungen zwischen Fachplanungen und Landesplanungsgesetzen, bis zur örtlichen Bauleitplanung. Die vielfältigsten Möglichkeiten zur unmittelbaren Beeinflussung der Raumstrukturen ergeben sich im Rahmen der fachlichen Pläne und Programme. Um dies zu verdeutlichen, seien nur einige Fachplanungen angeführt: auf Bundesebene die Fachplanungen für Bundesfernstraßen und Bundeswasserstraßen, auf Bund-/Länderebene die gemeinsame Rahmenplanung zur „Verbesserung der regionalen Wirtschaftsstruktur" – von den Geographen besonders intensiv verfolgt – und auf Länderebene Straßenbau, Energieversorgung, Naturschutz und Flurbereinigung. Daß es hier immer wieder zu Spannungen zwischen Fachplanungen und Raumplanung kommt, sei nur angedeutet.

4. Darüber hinaus kann aber auch das vordergründig in keiner Weise raumbezogene Verwaltungshandeln Raumstrukturen beeinflussen. Namentlich im **Wirtschaftsbereich** wirken **Genehmigungen** und **Ablehnungen, Subventionsvergaben** und **Auflagen** strukturbeeinflussend. Andererseits sind räumliche Gegebenheiten nicht selten Basisfaktoren für einzelne Verwaltungsentscheidungen.

   Die Bedeutung des Raumes – aber auch die Bedeutung der Geographie für die Verwaltung – dürfte damit hinreichend verdeutlicht sein.

III. Geographen in der Verwaltung

Trotz vielfältiger Berufs- und Tätigkeitsfelder für Geographen in der öffentlichen Verwaltung sind diese Bereiche doch zahlenmäßig schwach besetzt.

Erst langsam nehmen die Verwaltungen vermehrt von der Geographie Kenntnis, dies freilich nicht selten aufgrund geographischer Detailuntersuchungen. Adressatenbezogene, übergreifende Vermittlung von Forschungsmethoden, wissenschaftlicher Ausbildung, Praxisrelevanz und praktischer Einsetzbarkeit fehlen weitgehend. Die wenigen grundsätzlichen Überlegungen zum Verhältnis Verwaltung – Geographie – Geographen in der Verwaltung sind bislang praktisch nicht zu ihren Adressaten – den Verwaltungen – gelangt.

So kann hier nur angeregt werden, das Verhältnis Geographie und Verwaltung nicht nur grundlegend zu erforschen, das Problembewußtsein zu vertiefen, sondern vor allem, in anwendungsnahen Publikationen, namentlich in den kommunalwissenschaftlichen und kommunalpolitischen Zeitschriften, zu vermitteln: ein weites, interessantes und gleichermaßen bedeutsames Feld der Betätigung in Wissenschaft und Praxis.

Die Bedeutung der Geographie für die Kommunalverwaltung

HORST-GÜNTER WAGNER

I. Geographie als Wissenschaft

Das Fach Geographie kann die Kommunalverwaltung unterstützen, weil sich die Aufgabenfelder beider Disziplinen in wesentlichen Bereichen decken: Sie konzentrieren sich auf raumgestaltende Aktivitäten und Entscheidungen sowie deren Folgen für vorhandene und zukünftige räumliche Strukturen. Diese Prozesse administrativ zuordnen und entsprechend der rechtlich-gesetzlichen Maßgaben zu steuern, ist das Ziel der Verwaltung. Das wissenschaftliche Interesse der Geographie richtet sich auf die Konflikte zwischen Flächenanspruch und knappem Flächenangebot, die im kommunalen Bereich die gegenwärtig wohl stärkste Herausforderung darstellen. Beide Zielsetzungen fügen sich fast zwanglos ineinander. Die Geographie sieht ihre Aufgabe dabei unter dreifachem Blickwinkel: in der Analyse von Voraussetzungen, Motiven und Rahmenbedingungen der Raumwirksamkeit wirtschaftlichen und sozialen **Verhaltens** der Wohnbevölkerung einer Gemeinde, in der Bewertung von raumrelevanten zukünftigen **Konsequenzen** aktueller politischer und administrativer Entscheidungen zur Flächennutzung innerhalb kommunaler Gemarkungen sowie in der Formulierung von **Leitbildern und Strategien** für eine spätere, möglichst optimale räumliche Zuordnung der für Kommunen wichtigsten Funktionen.

Diese Zielsetzungen werden mit Hilfe folgender übergeordneter Methoden verwirklicht.

Längsschnittanalyse:
Bewertung langfristiger Veränderungsprozesse.

Raumwirksame Aktivitäten und Entscheidungen formten nicht nur die historische Genese der gegenwärtigen wirtschafts-, siedlungs- und sozialgeographischen Raumstruktur, sondern legen auch die wichtigsten zukünftigen räumlichen Bedingungen für mindestens zwei bis drei spätere Generationen im Lebensraum einer Gemeinde fest. Das Forschungsobjekt der Geographie ist also nicht nur der Gegenwartszustand, sondern erstreckt sich besonders auf die mittel- und langfristigen Veränderungsprozesse der vielschichtigen sozialen, baulichen und naturnahen Umwelten in einer Kommune. Die sich wandelnden Ansprüche der Wohnbevölkerung an ihren Lebensraum stoßen auf vorhandene Strukturen und drängen auf deren kontinuierliche Anpassung an neue Bedürfnisse. Hieraus ergibt sich für die Geographie die Aufgabe, langfristige Leitlinien möglichst optimaler räumlicher Entwicklungen innerhalb einer Gemeinde und ihrer Verflechtungen zu Nachbarkommunen aufzuzeigen.

Querschnittanalyse:

Bewertung räumlicher Gegenwartsstrukturen.

Raumwirksame Aktivitäten werden im kommunalen Raum durch die folgenden Einflußbereiche, teils im Sinne stringenter Determinanten, teils im Rahmen alternativer Entscheidungsmöglichkeiten gesteuert:

- **physisch-geographische Rahmenbedingungen** der Ökosysteme und ihrer räumlichen Differenzierung, die das naturgeographische Gefüge einer Kommune prägen (z. B. Stadtklima, Relief, Wasserdargebot),

- **ökonomische Regelhaftigkeiten** sowie das sozialräumliche Verhalten, beides wesentliche Steuerungsfaktoren der räumlichen Struktur eines Gemeindegebietes (Standortqualität für Gewerbe, Industrie und Dienstleistung, sich wandelnde Bewertung der Wohnumfelder, Umfang und Art der Mobilitätsbereitschaft kommunaler Sozialgruppen, verkehrsmäßige Erreichbarkeit der wichtigsten Daseinsfunktionen innerhalb einer Gemeinde,

- **politische Leitbilder**, die sich das kommunale Gemeinwesen selbst setzt oder die von Regional- und Landesplanung vorgegeben sind, sowie die rechtlichen Normen, welche den raumwirksamen Aktivitäten von Verwaltung, sozialen Gruppen und Individuen einen klar definierten, begrenzten Entfaltungsspielraum gewähren,

- **historisch vererbte Raumstrukturen** als Ergebnis zeitlich zurückliegender raumrelevanter Entscheidungen, die bis in die Gegenwart nachwirken und damit einen wichtigen, teilweise sogar den überwiegenden Teil gegenwärtiger räumlicher Strukturen einer Kommune bilden (z. B. Straßennetz, Bausubstanz, Verteilung kommunaler Funktionsstandorte, Sozialstruktur, Art der urbanen Lebensformen).

**Kommunale Gebietsgröße
als optimale Dimension zur Erforschung raumwirksamen Handelns**

Die angesprochenen raumwirksamen Verhaltensweisen und Entscheidungen vollziehen sich auf verschiedenen Ebenen. Sie sind sowohl in weltweiten Dimensionen erkennbar (Weltwirtschaft), können sich auf Kulturerdteile oder supranationale Einheiten (z. B. überstaatliche Wirtschaftsgemeinschaften) konzentrieren, lassen sich in spezifischer Ausprägung innerhalb der Größenordnung einzelner Staatsgebiete oder deren Untergliederungen (z. B. Länder) nachweisen. Besonders unmittelbar und kausal eindeutig erklärbar sind ihre Folgen jedoch auf der Ebene kleinerer Gebietseinheiten, z. B. innerhalb einer Kommune. Hier führt jede einzelne Standortentscheidung privater Haushalte, der Wirtschaftsbetriebe und der öffentlichen Verwaltung zu konkreter Veränderung der Raumstruktur und setzt deren kontinuierlichen Wandel fort. Die zu einem bestimmten Zeitpunkt getroffenen Standortentscheidungen unterliegen ständiger Überprüfung, werden auf gewandelte Wertvorstellungen, Leitbilder und Bedürfnisse neu ausgerichtet und gegebenenfalls durch räumliche Verlagerung ihres Wirkungsortes revidiert. Hieraus resultiert die fortlaufende Veränderung des räumlichen Strukturgefüges in ländlichen Gemeinden ebenso wie in Städten, größeren urbanen Verdichtungsgebieten oder in den weitgehend unregierbar gewordenen Großagglomerationen mit je über 20 Millionen Einwohnern (Mexiko-Stadt, Manila). Die Summe dieser kommunalen Strukturveränderungen wird auf die jeweils höheren Gebietskategorien wie Landkreis, Land, Staat und übernationalen Gebietszusammenschluß projiziert. Die eigentlichen Ursachenzusammenhänge und Wirkungsketten basieren jedoch auf der kommunalen Ebene.

Die Raumdimension der Gemeinde ist für die Geographie jedoch auch aus einem weiteren Grund als Forschungsfeld interessant: Der kommunalen Planungs- und Gestaltungskompetenz kommt im Rahmen der Raumordnungsgesetzgebung in der Bundesrepublik Deutschland im Vergleich zu anderen Planungsebenen (Region, Bezirk, Land, Bund) die entscheidenste Bedeutung hinsichtlich der Entstehung und Veränderung räumlicher Strukturen zu. Diese Bedeutung der Kommune für die Gestaltung von Wirtschafts- und Lebensräumen wird auch durch die Tatsache nicht abgeschwächt, daß viele raumwirksame Aktivitäten und die dafür getroffenen Standortentscheidungen über die kommunalen Grenzen hinausgreifen. Dies wird an der Mobilitätszunahme, an der Vernetzung von Verkehrsströmen und ihrer wachsenden Reichweite ebenso sichtbar wie bei der Arbeitsplatzwahl, daraus resultierenden Pendlereinzugsgebieten und expandierender Einkaufszentralität. Die Verflechtungsintensität kommunaler Gebiete mit den jeweiligen Nachbarräumen, also die enge wirtschaftsräumliche Differenzierung größerer geographischer Raumeinheiten steigt damit ständig an und verdeutlicht die Notwendigkeit, auch im interkommunalen Gefüge ein wichtiges Forschungsfeld für zukünftige Entwicklungen zu sehen.

Die Notwendigkeit dieses kleinräumlichen, also die kommunalen Strukturen und Prozesse besonders intensiv ins Blickfeld rückenden Forschungsansatzes ergibt sich auch aus folgenden Überlegungen:

– Ursachen und **Wirkungsweise** von Gestaltung und ständiger Veränderung von Siedlungs-, Wirtschafts- und Lebensräumen lassen sich auf der überschaubaren Ebene einer Kommune hinsichtlich der

  • endogenen, gebietsspezifischen Leistungen und Fähigkeiten

  • exogenen, von außen kommenden Einflüsse

besonders klar unterscheiden und bewerten.

- Die **Erklärung** raumprägender Determinanten im Bereich von
  - regelhaften wirtschaftlichen Prozessen
  - raumordnungspolitischen Entscheidungen
  - rationalen und nichtrationalen Handlungsmotiven

  sind auf der kleinräumlich-kommunalen Ebene eindeutiger zu erfassen als in größeren Raumdimensionen.

- Jedoch nur auf Grundlage der detaillierten Kenntnis von Ursache und Ablauf raumgestaltender Prozesse und ihrer **komplexen Wirkungsweise** lassen sich regionalpolitische Strategien und Steuerungsinstrumente entwickeln. Die Geographie sieht in der Analyse von Ist-Zustand, funktionaler Verflechtung, Genese und Entwicklungstrend von Teilbereichen der Erdoberfläche eine entscheidende Voraussetzung für die Formulierung **normativer Gestaltungsziele** der Raumordnungspolitik. Sie schließt ferner eine Bewertung von räumlichen Gegebenheiten angesichts des Widerstreits
  - allgemein knapper werdender Ressourcen und
  - zunehmender Flächenansprüche der Daseinsgrundfunktionen von Wirtschaft, sozialen Verhaltensweisen, Kommunikation und Mobilität, Freizeitgestaltung und Wohnen ein.

Auf Grundlage der so ermittelten detaillierten Raumkenntnis sind Vorschläge zur Lösung von Flächennutzungskonkurrenzen und Ressourcenkonflikten möglich.

Damit wird weitgehende Identität deutlich zwischen dem Forschungsziel der Geographie, nämlich Aussagen zum Gestaltungs- und Entwicklungsziel von Lebensräumen zu machen, und dem politischen Auftrag an Gemeinde- und Stadtverwaltungen zur optimalen räumlichen Ordnung des kommunalen Gebietes.

Je komplexer die Ursachen der gegenwärtig schwierigsten kommunalen Konflikte, nämlich der durch fortschreitende Konzentration exponentiell zunehmenden Flächennutzungskonkurrenzen sind, desto nachhaltiger ist speziell die Geographie angesprochen, zur Problemlösung beizutragen.

Hierzu trägt entscheidend die Tatsache bei, daß ihre überwiegend generalistischen Forschungsmethoden und Arbeitstechniken darauf ausgerichtet sind, die Vielfältigkeit der Wechselwirkungen zwischen natürlichen Faktoren, wirtschaftlichen Regelhaftigkeiten, sozialem Verhalten und politischen Rahmenbedingungen zu untersuchen und kausal zu erklären.

Diese Grundkonzeption führt zum hohen Stellenwert der auf kleinräumliche Differenzierung angelegten Forschungsperspektive im fachlichen Ausbildungsgang von zukünftigen Diplom-Geographen. Um diese Zielsetzung zu verdeutlichen, sei nachfolgend eine Auswahl von Themenschwerpunkten erläutert, die im Rahmen von Basisvorlesungen im Grundstudium sowie durch Projektseminare, Geländepraktika, Werkverträge, berufsbezogene Praktika bei Behörden der planenden Verwaltung (insgesamt vier Monate) und Diplomarbeiten während des Hauptstudiums (ab 5. Semester) Problemkreise nahebringen, welche auch im Vordergrund kommunaler Politik und Verwaltung stehen.

II. Studien- und Ausbildungsschwerpunkte mit Beziehung zur Kommunalverwaltung

1. Gemeinden im ländlichen Raum

Die Veränderung von Sozialstruktur und Bausubstanz in Verbindung mit Abwanderung in Verdichtungsräume und Migration aus städtischen Ballungsgebieten in ehemals überwiegend agrarisch geprägte Siedlungen bilden seit dem Ende des zweiten Weltkrieges das Grundmuster des Wandels und der Urbanisierungstendenzen im ländlichen Raum. Diese Entwicklung umspannt von unmittelbarer Nähe zu urbanen Kernen („Stadtrandgemeinden") bis zu Dörfern in peripheren Situationen ein breites Spektrum von abgestuften Prozessen, die zu neuen Strukturen führten. Die sich daraus für die einzelnen Gemeinden ergebenden Probleme nehmen in allen Ausbildungsphasen des Studiengangs Geographie-Diplom einen wichtigen Stellenwert ein: Nutzungswandel im Dorfkern, Zukunft auslaufender landwirtschaftlicher Betriebe, Erneuerung der Bausubstanz zur Stabilisierung der Wohnfunktion („Ortskernsanierung"), gesicherte Grundversorgung mit Dienstleistungen angesichts der starken Konkurrenz städtischer SB-Märkte, Förderung nichtagrarischer Erwerbsmöglichkeiten in den Siedlungen des ländlichen Raumes peripherer Gebiete mit dem Ziel verminderter Abwanderung jüngerer Bevölkerungsgruppen, Defizite bei Einrichtungen der Freizeitgestaltung für Jugendliche, Erfassung des Rollenverständnisses von Altbürgern und neu zuziehenden Sozialgruppen, Leitbilder des Verkehrsverbundes der ÖPNV-Träger, Neuverteilung der Verantwortlichkeit im Sektor Abfallwirtschaft.

Da die angedeuteten Problemkreise die grundsätzliche Stellung des ländlichen Raumes zwischen endogener Entwicklung und exogener Fremdsteuerung, also den Erhalt des „Dorfes" als Siedlungs- und Lebensform oder dessen Aufgabe zugunsten nivellierender Suburbanisierung berühren, kommt der umfangreichen Vermittlung von Kenntnissen über die historische Genese ländlicher Siedlungen, Flurformen, landwirtschaftlicher Nutzungssysteme und deren Einbindung in die ökologischen Systeme der traditionellen Agrarlandschaft eine ebenso wichtige Bedeutung zu wie dem modernen Strukturwandel. Als wichtige Disziplin des Gesamtfaches leistet hierzu die Historische Geographie den entscheidenden Beitrag.

Im Rahmen der neuen integrierten raumbezogenen Strukturpolitikziele der EG erlangt die komplexe Sicht von kleinen Teilräumen des ländlichen Raumes nach längeren Perioden der nur sektoralen Förderung erneute Bedeutungszunahme. Eigenständigkeit und Multifunktionalität der Gemeinde werden in diesen Programmen nachhaltig unterstützt.

2. Agrarstrukturwandel unter veränderten Bedingungen

Die Agrarproduktion macht unter dem Einfluß gewandelter wirtschaftlicher Prämissen und der Einsicht in die empfindlichen ökologischen Zusammenhänge des Landschaftshaushaltes Extensivierungsmaßnahmen notwendig, die vielfältige Rückwirkungen auf Arbeitsmärkte und Sozialstruktur ländlicher Gemeinden haben. Vorschläge zu solchen Entscheidungen setzen die Fähigkeit voraus, die naturgeographischen Grundlagen einer Gemarkung (Relief und Boden, Mikroklima, Bodenwasserhaushalt und Bodenerosionsschäden sowie die Risikoanfälligkeit des örtlichen Ökosystems) erfassen und bewerten zu können. Nebenfächer ergänzen dieses Spektrum, z. B. Geologie, Geobotanik und Meteorologie. Gleichzeitig wird die Fähigkeit gefordert, Wirkungen großräumlicher, z. B. EG-weiter agrarpolitischer Rahmenbedingungen und regionaler Markteinflüsse, auf die lokale agrargeographische Situation einer Gemeinde analysieren zu können. Entscheidend sind hierbei nicht isolierte Spezialkenntnisse, sondern die Berücksichtigung der komplexen Wechselwirkungen unterschiedlichster Faktoren, die z. B. in Arbeitsgebieten der Geographie in nord- und westafrikanischen Ländern auch die Notwendigkeit der Erweiterung des Nahrungsspielraumes bei wachsender Bevölkerungszunahme und begrenzten naturgeographischen Ressourcen (Nährstoffmangel der Böden und Niederschlagsunsicherheit) mit umfassen.

3. Flächennutzungskonkurrenzen, Verkehrsbelastungen und ökologische Probleme in städtischen Kommunen

Die gegenwärtig gravierendsten Veränderungen des innerstädtischen Raumgefüges lassen sich unter dem Blickwinkel wechselseitig konkurrierender Nutzungen und daraus resultierender Veränderungsprozesse zusammenfassen. Der Standortwettbewerb zwischen kernstädtischen Funktionen (Wohnen, Handwerk, Gewerbe, Dienstleistungen, Einzelhandel, Verkehrsarten, Tourismus) erzwingt über wachsende Flächenansprüche sowohl in kleineren als auch in größeren Kommunen Mitteleuropas einen im Vergleich zur historischen Entwicklung gravierenden Strukturwandel. Sein Ergebnis entscheidet über die zukünftige Leistungsfähigkeit der zentralen Geschäftsbereiche. Die Geographie trägt zur Lösung dieser Probleme durch detaillierte Raumbeobachtung und parzellenscharfe kartographische Darstellung dieser Veränderungen des innerstädtischen Nutzungsgefüges in den Erdgeschoß- und Etagenniveaus Dokumentationsmaterial bei, das in dieser Form von den Planungsämtern bisher nicht erarbeitet werden konnte. Zukünftige Diplomgeographen werden ab Studienbeginn nicht nur mit den notwendigen Methoden zur Erfassung von Flächennutzungskonflikten vertraut gemacht, sondern erhalten während des Hauptstudiums auch eine Einführung in die Möglichkeiten kommunaler Entwicklungsplanung. Im Nebenfach Verwaltungsrecht wird hierzu die Kenntnis der einschlägigen juristischen Grundlagen vermittelt (Bau-, Planungs-, Grundstücksverkehrs- und Umweltrecht).

Einen zweiten Schwerpunkt der Ausbildung im Bereich Stadtgeographie bildet die wachsende Überlastung der innerstädtischen und ins Umland führenden Verkehrsnetze. Da die Zukunft der cityorientierten Funktionen in erheblichem Umfang von der Steuerung des Flächenbedarfs von fahrendem, ruhendem Verkehr, dem Verhältnis von individuellem und öffentlichem Personennahverkehr sowie der für Fußgänger akzeptablen Entfernung der P+R-Plätze zu den Einkaufsstraßen abhängt, spielt dieser Sektor bereits bei den Studieninhalten für jüngere Semester eine entscheidende Rolle. Hiermit hängt eng der Fragenkreis der Umlandbeziehungen, die Ausgestaltung von Verkehrsverbundsystemen zusammen, ferner die Frage nach geeigneten Methoden zur Entzerrung von Verkehrsstaulagen auf den wichtigsten Zugangstraßen in die urbanen Zentren. Während der vergangenen Jahre wurden vom Institut für Geographie der Universität Würzburg in verschiedenen Bereichen von Unter-, Mittel- und Oberfranken verkehrsgeographische Analysen im Auftrag von Kommunen, Verkehrsträgern und der Deutschen Bundesbahn durchgeführt, um Aufschluß über Streckenbelastungen, Wünsche der Verkehrsteilnehmer, Einkäuferreichweiten zentraler Orte und die Bereitschaft zur Veränderung des Verkehrsverhaltens zu erlangen.

Ein dritter Aspekt der stadtgeographischen Ausbildung konzentriert sich bei Fortgeschrittenen und Diplomanden auf ökologische Probleme. Die Erforschung ökologischer Grundlagen speziell in städtischen Lebens- und Wirtschaftsräumen weist bislang noch erhebliche Defizite auf. Diesem Aspekt wird deshalb gegenwärtig besondere Aufmerksamkeit in Forschung und Lehre des Faches Geographie gewidmet. In Zusammenarbeit mit verschiedenen einschlägigen Institutionen werden z. Zt. neue Möglichkeiten der Abfallwirtschaft (Müllvermeidung und -trennung, Verwertungssysteme, Auswahl von Restdeponien) untersucht. Die seit dem Sommer 1990 rechtskräftig erforderliche Umweltverträglichkeitsprüfung (UVP) steht inhaltlich seit zwei Jahren im Lehrangebot an vorderer Stelle, da sich herausgestellt hat, daß Absolventen mit entsprechend ausgerichteten Diplomarbeitsthemen nicht nur gute, sondern meist mehrfache Stellenangebote erwarten können.

4. Wirtschaftliche Grundlagen der kommunalen Entwicklung

Zu den zentralen Forschungsinteressen der Wirtschaftsgeographie zählt die Untersuchung von Ansiedlungsbedingungen und Entfaltungsmöglichkeiten gewerblicher und industrieller Aktivitäten. Sie setzen eine detaillierte Flächenbilanz, d.h. die Erfassung möglicher Ansiedlungsareale im Rahmen der Bestimmungen der Bauleitplanung und hinsichtlich ihrer verkehrsgeographischen Qualität, der Umweltempfindlichkeit oder des Grades ihrer Emissionswirkung voraus und umfassen die Beachtung der UVP-Richtlinien. Ausbildungsinhalte dieser Richtung beziehen auch die Frage ein, wie eine Kommune ihre Standortqualitäten werbemäßig nach außen hin deutlich machen könnte. Hieraus ergibt sich die Aufgabe, über die traditionellen Standortfaktoren hinausgehende, neue Attraktivitätsmomente herauszuarbeiten, die in Zukunft wesentlichen Anteil bei Firmenentscheidungen für einen Standort haben werden. Hierzu zählt die Wertigkeit sozialer Kontaktmöglichkeiten, das Wohnumfeld, die Palette der Freizeitangebote ebenso wie der Vorteil kurzer Pendlerwege und das Angebot qualifizierter Arbeitskräfte. Unter diesem Blickwinkel wurden während der letzten Jahre für unterfränkische Kleinstädte verschiedene Forschungsprojekte durchgeführt, an denen Studierende teilnahmen, um Methoden industrieller Standortplanung aus empirischer Arbeit heraus zu lernen.

Besondere Aufmerksamkeit widmete stets die Stadtgeographie dem Bedeutungswandel von handwerklichen und kleingewerblichen Branchen in innenstadtnahen Lagen. Die Konkurrenz der verschiedenen City-Funktionen verdrängt entweder solche traditionellen Betriebe in eine Stadtrandsituation (Gewerbegebiete) oder zwingt sie zur Umstellung ihres Produktions- und Angebotsspektrums auf ein höheres Renditeniveau. In beiden Fällen treten umfangreiche Funktions- und Strukturveränderungen der ökonomischen Grundlagen in Altstadtarealen ein, die hinsichtlich ihrer Wirkungen auf City-Ausdehnung, neue Verkehrssituationen, Verlagerung von Fußgängerströmen und insbesondere in Bezug auf Verringerung von Wohnfunktionen zu analysieren und zu bewerten sind. Ermittlungen dieser Art setzen umfangreiche und personalintensive Befragungen, parzellenscharfe und stockwerkbezogene Kartierungen voraus. Fähigkeiten hierzu werden bereits im Grundstudium vermittelt, während der Fortgeschrittenenausbildung vertieft und gehören zum Standardrepertoire eines ausgebildeten Diplom-Geographen.

Auch der Fremdenverkehr ist ein wichtiger kommunaler Wirtschaftsfaktor. Für Würzburg wurde die Frage seiner Chancen und Grenzen, d. h. die Vorteile und die möglicherweise von einem bestimmten Überlastungspunkt an eintretenden Nachteile seit einigen Jahren in Zusammenarbeit mit dem Fremdenverkehrsamt eingehend untersucht.

5. Sozialgeographische Bedingungen kommunaler Wandlungsprozesse

Als Teildisziplin des Faches beschäftigt sich die Sozialgeographie mit dem räumlichen Verhalten des einzelnen oder sozialer Gruppen innerhalb von Kommunen. Veranlaßt werden Forschungen in dieser Richtung durch die Tatsache, daß die Standortwahl von Individuen oder privaten Haushalten bei wesentlichen Aktivitäten der Daseinssicherung einem kontinuierlichen Wandel unterliegt und von sich verändernden Wertvorstellungen geleitet wird. Raumwirksame Konsequenzen ergeben sich aus der ständigen Neuorientierung von Wohnstandortpräferenzen (im Rahmen baulicher Gegebenheiten, der Leistungsfähigkeit verschiedener Einkommensgruppen, der Flächenbedürfnisse von unterschiedlichen Altersgruppen und innerhalb des Familienzyklus) für das Mobilitätsgeschehen innerhalb von Kommunen und über ihre Grenzen hinaus. Auch die Entscheidung für bestimmte räumliche Dienstleistungs- und Versorgungsangebote richtet sich nur teilweise nach wirtschaftlichen Gesichtspunkten, sondern folgt auch Regelhaftigkeiten, die sich aus sozialer Bewertung, Image, Mode, Rollenverhalten sowie Steuerung durch gruppenspezifische Werbung und soziale Zwänge ergeben. Die räumliche Verteilung, die Dauerhaftigkeit und die Veränderung von Innenstadt- und Cityfunktionen hängen hiervon in vielfältiger Weise ab. Ebenso unterliegen die touristische Attraktivität kommunaler Teilbereiche und ihre Eignung als Freizeitziele (Gastronomie, kulturelle Angebote) in großem Umfang einem kontinuierlichen Bewertungswandel durch die Nachfragerseite.

Stadtplanung ist ohne genaue Kenntnisse dieser Zusammenhänge und ohne die Fähigkeit, ihre Veränderung durch laufende Raumbeobachtung, Befragung und Dokumentation zu bewerten, kaum möglich. Alters- und sozialgruppenspezifische räumliche Verhaltensweisen, entsprechend unterschiedliche Distanzbewertungen im Innenstadtbereich, sich verändernde Mobilitätsbereitschaft in den Außenzonen kommunaler Agglomerationen und in den sich ausweitenden Einzugsbereichen zentraler Orte (zunehmende Pendler- und Einkäuferreichweiten) unterstreichen die Notwendigkeit des Forschungsbezugs auf solche raumverändernden Phänomene, mit denen die Kommunalverwaltung im Bereich der planenden Verwaltung in zunehmendem Umfang konfrontiert wird. Im Rahmen des Studiengangs Geographie-Diplom kommt den unterschiedlichen Formen des sozial bedingten Raumverhaltens bereits im Grundstudium ein hoher Stellenwert zu.

6. Räumliche Innovationsforschung: Orientierungshilfe für die gemeindliche Entwicklungsplanung der Kommunalverwaltung

Vorausschauende gemeindliche Entwicklungsplanung, eine der schwierigsten Aufgaben der kommunalen Verwaltung, kann sich nicht nur an Gegenwartsstrukturen und deren Genese orientieren, sondern ist auf Indikatoren angewiesen, die Aufschluß über Trends der wirtschaftlichen und sozialen Veränderungsprozesse geben. Die Geographische Innovationsforschung konzentriert sich deshalb auf die Ermittlung der Raumwirksamkeit technologischer Neuerungen, anderer Formen des sozial-räumlichen Verhaltens und den kontinuierlich ablaufenden Wandel der Bewertung kommunalräumlicher Strukturen. Im technologischen Bereich führen vor allem Innovationen der Kommunikationsmedien und Verkehrsmöglichkeiten im Spannungsfeld der Siedlungsstruktur zwischen Verdichtungsräumen und peripheren Gebieten zu gravierenden Standortumbewertungen und daraus erwachsender Umverteilung von Funktionen auch auf kommunaler Ebene. Das soziale Verhalten von Gruppen und Individuen hängt von sich wandelnden Normen und Leitbildern ab, deren Veränderung die Ziele der städtischen Planung oft in kurzen Zeitspannen völlig neu orientieren. Innovationen der Wahrnehmung und Bewertung struktureller Gegebenheiten im baulichen, wirtschaftlichen und sozialen Gefüge von Gemeinden (Wohnsituation, Versorgungseinrichtungen, Angebote der Verkehrsinfrastruktur) verursachen den Wandel des räumlichen Verhaltens der Einwohner. Geographische Innovationsforschung entwickelt Methoden, die geeignet sind, anhand von einzelnen Indikatoren sich anbahnende eigenaktive Neuentwicklungen zu erkennen und deren Konsequenzen für notwendige vorausschauende kommunalpolitische Entscheidungen zu präzisieren.

7. Einordnung der kommunalen Entwicklung in die Regionalplanung und die überregionale Raumordnungspolitik

Die Vermittlung der Fähigkeiten planungsgestalterischer Möglichkeiten im kommunalen Rahmen beginnt bereits im Grundstudium mit der Einführung in die Bauleitplanung (Flächennutzungs- und Bebauungsplanung) und deren Rechtsgrundlagen (Baugesetzbuch) einschließlich der Bestimmungen von Baunutzungsverordnung, Wertermittlungsverordnung und Planzeichenverordnung. Studierende des Ausbildungsgangs Geographie-Diplom müssen in der Lage sein, die Grundlagen für einen Flächennutzungsplan empirisch zu erheben und kartographisch vorschriftsmäßig darzustellen. Ferner wird von ihnen verlangt, ihre integrativ und fachübergreifend von naturwissenschaftlichen bzw. physisch-geographischen bis zu wirtschafts- und sozialgeographischen Aspekten angelegten Kenntnisse so zu vertiefen, daß sie in der Lage sind, parallel zur kommunalen Bauleitplanung den erforderlichen Landschaftsplan zu erstellen. Hierbei kommen traditionelle fachliche Ziele der Geographie zum Tragen, ist doch weitgehend noch heute die „Landschaft" als komplexes Wirkungsgefüge natürlicher, naturnaher und anthropogener Faktoren im System der Erdoberfläche das ureigenste Forschungsfeld der Geographie.

Regionalgeographisch ist die einzelne Gemeinde als Grundelement im Netz der zentralen Orte zu sehen. Seitdem Walter *Christaller* 1932 mit seiner Dissertation über „Die Zentralen Orte in Süddeutschland" am Geographischen Institut der Universität Erlangen promoviert und damit die Theorie der Zentralitätsforschung begründet hatte, fand dieses Konzept Eingang in alle regionalwissenschaftlichen Disziplinen. Sie prägt nicht nur in Europa wesentliche Teile der regionalplanerischen Zielsetzungen, sondern bestimmt auch in zahlreichen Entwicklungsländern die grundlegenden Leitbilder der Raumordnung. Zentralitätsforschung und Erfassung des Zentralitätsgrades der verschiedenen Angebotsstufen für kurz-, mittel- und langfristige Bedürfnisse bildet deshalb in allen Ausbildungsstufen des Geographiestudiums ein übergreifendes Prinzip. Nicht nur für die großen Verdichtungsräume, sondern auch für kleine Gemeinden auf der Ebene von Unterzentren und ländlichen Kleinzentren bildet die Ausstattung mit zentralörtlichen Funktionen gegenwärtig eine wesentliche Aufgabe der kommunalen Politik und Verwaltung.

Versucht man eine Standortbestimmung der Kommune im Gefüge der Region und der landesweiten Raumordnungsstrategien, so erweist sich teilweise sowohl in Deutschland, besonders aber in anderen europäischen Staaten die Ebene der Gemeinden einer zentralistisch gesteuerten, dominant überregionalen Zielen verbundenen Politik unterworfen. Daraus folgt eine oft schematisch erscheinende Einfügung der Kommunen in Raumentwicklungskonzepte (z. B. „Entwicklungsachsen"), eine zu geringe Berücksichtigung regionaler Raumstrukturen und deren lokaler Ausprägung. Ein wesentliches Ziel des Geographiestudiums besteht deshalb darin, die individuelle Gestaltung kleiner Gebietseinheiten, also Kommunen und ihre Verflechtungsbereiche mit jeweils eigener historischer Entwicklung, spezifischem Regionalbewußtsein und örtlichen Entwicklungschancen, als entscheidende Ausgangsbasis gestalterischer Aktivitäten zu sehen. Diese fachwissenschaftliche Orientierung der Geographie auf eine bestimmte räumliche Dimension ihrer Betrachtungsweise, welche die Gemeinde als soziales, wirtschaftliches und politisches Grundsystem sieht, vermittelt Kenntnisse und Fähigkeiten, die in den Aufgabenfeldern der Kommunalverwaltung vielfältige praktische Anwendung finden können.

8. Räumliche Struktur- und Funktionsanalyse und ständige Raumbeobachtung – eine geographische Aufgabe der Kommunalverwaltung

Praktische Kommunalverwaltung setzt die eingehende Kenntnis der räumlichen Struktur des Gemeindegebietes und ihrer ständigen Veränderung voraus. Sie macht eine kontinuierliche Raumbeobachtung notwendig. Als wichtigste Elemente zählen hierzu die Bevölkerungsverhältnisse, ihre Verteilung, Dichte, Migration, Sozial- und Altersstruktur, die räumliche Differenzierung von Erwerbsstruktur und Arbeitsmarkt, die im Gemeindegebiet lokalisierten gewerblichen Unternehmen, die räumliche Anordnung von Dienstleistungs-, Einzelhandels- und Versorgungsunternehmen und deren Attraktivitätswandel, Wohnbausubstanz, Wohnwünsche, Boden- und Mietpreisniveau, Verkehrsrhythmen, Umlandbeziehungen und zentralörtliche Reichweiten, Kaufkraft- und Investitionsströme, Verhalten bei politischen Wahlen, Wahrnehmung von Freizeiteinrichtungen, physisch-geographische, ökologische Grundlagen und Rahmenbedingungen der kommunalen Entwicklung. Es bietet sich an, diese Raumbeobachtung im Rahmen eines EDV-gestützten Geographischen Informationssystems (GIS) zu betreiben, das gegenwärtig an mehreren Universitätsinstituten sowie bei einer Reihe von Kommunen im Aufbau begriffen ist. Der Vorteil dieses Verfahrens liegt einerseits in der guten Fortschreibungsmöglichkeit, die allerdings empirische Datenaufnahme und -überprüfung vor Ort voraussetzt, andererseits in der Chance, die vernetzten Zusammenhänge des kommunalen Geschehens auf die sich verändernden Wechselwirkungen hin überprüfen zu können. Raumbeobachtung ist nicht Selbstzweck, sondern erlaubt Trendermittlung und Absicherung von Zukunftsszenarios der kommunalen Politik sowie die Formulierung von Leitbildern für die zukünftige Gestaltung gemeindlicher Strukturen.

Studium und Ausbildung von Geographen orientieren sich an dieser Aufgabenstellung. Ihr dient die Vermittlung von Methoden und Arbeitstechniken zur räumlichen Struktur- und Funktionsanalyse ebenso wie die Befähigung zur Bewertung von Veränderungsprozessen, die sich im räumlichen Gefüge einer Kommune ständig vollziehen. Thematische Kartographie, Beobachtung vor Ort zur frühzeitigen Trenderfassung, Befragungstechniken und Rechercheninstrumentarien, Luftbildauswertung und Satelliten-, Thermal- und Radarbildanalyse, Statistikverarbeitung und deren quantifizierende Darstellung, naturwissenschaftliche Techniken zur Erfassung der physisch-geographischen Grundlagen urbaner Ökosysteme und Kenntnis wichtiger Teilbereiche des Kommunal-, Verwaltungs-, Umwelt- und Planungsrechtes bilden partielle Fähigkeiten, welche die spezifische Zielsetzung der wissenschaftlichen Geographie beschreiben. Im Gegensatz zu den einzelnen Natur-, Sozial- und Wirtschaftswissenschaften stellt sich ihr die Aufgabe einer übergreifenden Erfassung und Bewertung komplexer räumlicher Wirkungsgefüge mit Hilfe integrativer Fragestellungen, interdisziplinärer Methoden und ganzheitlicher Betrachtungsweisen.

Die hier vorgetragene Übersicht wichtiger Teilaspekte von Forschungsinteressen der Geographie macht deutlich, daß die auf kleine Gebietseinheiten orientierte Erfassung von räumlichen Strukturen und raumwirksamen Funktionen entscheidende Parallelen zu den Aufgaben kommunaler Verwaltung und Politik beinhaltet. Deshalb sollte diese Korrelation von Verwaltungspraxis und Geographie durch professionelle Mitwirkung von Geographen in der Kommunalverwaltung zu wechselseitigem Vorteil vertieft werden.

In den folgenden Beiträgen werden einzelne Themenbereiche geographischer Forschung dargestellt, die in besonders enger Beziehung zur Kommunalverwaltung stehen.

Literaturhinweise

Ante, U., Politische Geographie. – Braunschweig, 1981
Benzing, A., u. a., Verwaltungsgeographie. Grundlagen, Aufgaben und Wirkungen der Verwaltung im Raum. – Köln, 1978
Boesler, K.-A., u. Graafen, R., Zum Problem der Raumwirksamkeit rechtlicher Instrumente aus politisch-geographischer Sicht. – Geographische Zeitschrift 72, 1984, S. 197–210
Gatzweiler, H.-P., Laufende Raumbeobachtung. Stand und Entwicklungsperspektiven des numerischen Informationssystems „Raum- und Stadtentwicklung". – in: Informationen zur Raumentwicklung 1984, S. 285–310
v. Rohr, H.-G., Angewandte Geographie. – Braunschweig, 1990
Schliephake, K., (Hrsg.), Infrastruktur im ländlichen Raum – Analysen und Beispiele aus Franken. – Hamburg, 1990, = Material zur Angewandten Geographie, Bd. 18, 225 S. (Sammelband mit zahlreichen Beiträgen zum Problemkreis Geographie und Verwaltung im ländlichen Raum)

Ruppert, K., u. Paesler, R., Raumorganisation in Bayern. Neue Strukturen durch Verwaltungsgebietsreform und Regionalgliederung. – München, 1984, = WGI-Berichte zur Regionalforschung (Wirtschaftsgeographisches Institut d. Univ. München), Heft 16
Schmitt, B., Das Kommunale Informationssystem. – Würzburg, 1990, = Würzburger Geographische Arbeiten, Heft 76
Wagner, H.-G., u. Pinkwart, W., (Hrsg.), Würzburg. Stadtgeographische Forschungen. – Würzburg, 1987, = Würzburger Geographische Arbeiten, Heft 68 (Sammelband mit zahlreichen Beiträgen zur Stadtregion Würzburg und zum Problemkreis Geographie und Verwaltung im städtischen Raum)
Wagner, H.-G., (Hrsg.), Städtische Straßen als Wirtschaftsräume. Dokumentation zum Funktionswandel Würzburger Geschäftsstraßen. – Würzburg, 1980, = Würzburger Universitätsschriften zur Regionalforschung

Zur geographischen Analyse des Kommunalraumes

ULRICH ANTE

I. Kommunale Tätigkeit und Raumbezug

Die Nachfrage und Verwertung wissenschaftlicher Kenntnisse im allgemeinen und geographischer im besonderen im kommunalen Bereich öffnet ein vielschichtiges Berührungsfeld. Stärker als dies im normalen Alltag deutlich wird, scheint dabei weniger die tägliche Kommunalpolitik im engeren Sinne, mehr jedoch die Arbeit der Kommunalverwaltung langfristig angelegt zu sein.

Diese Langfristigkeit ergibt sich aus dem Zusammenhang der Verwaltungsaufgaben, die in die Kontinuität der Problembearbeitung kommunaler Tätigkeitsfelder gestellt sind und durch die Langfristigkeit der zu tätigenden Investitionen unterstrichen werden. Beide Aspekte treffen sich mit dem Verständnis von Wissenschaft, auch der der Geographie, in dem doch eher grundsätzliche, jedenfalls über die Tagesaktualität hinausreichende Perspektiven gepflegt werden.

Damit es zu einer Berührung von kommunaler Tätigkeit und speziell der Geographie kommen kann, ist eine Bedingung zu erfüllen: die kommunale Tätigkeit muß „raumbezogen" sein. Dies mag als Sammelbegriff verstanden werden. An seiner Stelle können auch andere, wie „raumbedeutsam", „raumrelevant" oder „raumdifferenziert" stehen. Dabei macht es in diesem Zusammenhang wenig Sinn, diesen Begriffen je unterschiedliche Inhalte zuordnen zu wollen. Es ist hier zulässig, auch zu formulieren: Die kommunale Tätigkeit hat dann Berührungspunkte mit der Geographie, wenn sie räumliche Aspekte aufweist.

Nun kann es kaum strittig sein, daß die kommunale Tätigkeit eben dies tut. Am sinnfälligsten zeigt es sich darin, daß sie auf den Kommunalraum gerichtet ist, sie sich auf ein bestimmtes Gebiet, ein Territorium bezieht. „In diesem" wohnen und arbeiten Menschen, werden Betriebe eröffnet und andere geschlossen etc.

Vereinfachend liegt hier die Vorstellung vom Raum als einem Container, einem Behälter vor, die aufgrund des allgemeinen Sprachgebrauchs zwar naheliegend und verbreitet ist, jedoch keineswegs die Vielschichtigkeiten des Raumbegriffes trifft. Diese beziehen sich sowohl auf die sachlichen wie räumlichen Dimensionen. Letzteres bedeutet, daß der Raum a priori keine bestimmte Größenordnung einnimmt. Er kann zum einen die gesamte Erdoberfläche umspannen, was der maximalen Ausdehnung des geographischen Raumes entspricht; er kann zum anderen auch zum Beispiel einem

Stadtteil entsprechen, doch ist seine Minimalausdehnung damit keineswegs fixiert. Der Kommunalraum gehört ohne Frage zu den kleineren Einheiten, den Mikroräumen. Der Hinweis auf Großstadt und ländliche Siedlung unterstreicht seine Ausdehnungsunterschiede.

Das Anliegen wird nun sein, anhand einiger konzeptioneller Überlegungen zu versuchen, den geographischen Raumbegriff, der keineswegs mit der Containervorstellung gleichzusetzen ist, darzulegen. In den unterschiedlichen Verständnissen, die nicht als je widersprüchliche, sondern als aufeinander aufbauende Raumvorstellungen zu verstehen sind, wird die enge Verknüpfung des kommunalen Aufgabenfeldes mit der wissenschaftlichen Perspektive vermittelt. Mit vier Thesen soll dies versucht werden.

II. Der Kommunalraum: Strukturen, Prozesse, Wechselwirkungen

Die erste These lautet:

Mit Raum werden die Wechselwirkungen unterschiedlicher, aber bedeutsamer Kräfte in einer gegebenen Situation bezeichnet.

Im Beitrag *Wagner* wurde dazu bereits Stellung genommen.

Da die Akteure der Kommunalverwaltung – wenn dies der Außenstehende richtig sieht – mit dem Problem der Allzuständigkeit konfrontiert sind, haben sie keine Schwierigkeiten, die komplexe, netzartige und integrative Denkstruktur der Geographen nachzuvollziehen und zu verstehen, die in diesem Raumbegriff angelegt ist.

Raum bedeutet nicht, Sachverhalte etwa der Wirtschaft, des Sozialen im Kommunalraum, auf dem Territorium der Gemeinde oder des Kreises zu lokalisieren. Raumbezug wird auch nicht dadurch treffend charakterisiert, daß ein Entfernungskriterium eingesetzt, daß „Raum" auf „Distanz" reduziert wird.

Raumbezug meint ein komplexes Verständnis vom Raum in dem Sinne, daß Mensch und Umwelt, Mensch und Wirtschaft, Umwelt, Wirtschaft und Gesellschaft miteinander vernetzt, aufeinander bezogen sind. Es sind diese Wechselwirkungen und ihre Raumwirksamkeiten, die den geographischen Raum – in seiner konkreten regionalen Existenz zum Beispiel eine Gemeinde – konstituieren.

Analytisch ist er zerlegbar.

Die Anordnung seiner verschiedenen Bauelemente wie Wohngebäude, Geschäfte, Grünflächen, Freiflächen, Standorte des produzierenden Gewerbes, Schulen, Krankenhäuser, Verkehrswege u.a. ergeben das Standort- oder Verteilungsmuster. Diese Elemente stehen nicht beziehungslos nebeneinander. Denn nicht ihre Summe macht die Gemeinde aus. Sie sind vielmehr durch soziale, kommunikative, administrative u.a. Kontakte untereinander verknüpft. Ihre räumliche Anordnung wird damit zum Zuordnungsmuster. Erst aber die faktischen Beziehungen zwischen diesen Elementen, unterscheidbar vor allem hinsichtlich ihrer Intensität, lassen ein Interaktionsmuster entstehen. Dies gibt Auskunft über die Aufgaben, die das einzelne Element für andere übernimmt, und zeigt somit Abhängigkeiten an.

Dieser Raum ist – auch in seiner zeitlichen Veränderung – meßbar, erfaßbar, zum Teil auch visuell beobachtbar in der Flächennutzung, in der Konkurrenz um die Nutzung derselben Flächen.

Die Vernetzung von Natur, Gesellschaft, Wirtschaft und – hier herausgehoben – der öffentlichen Hand erzeugt Strukturen. Sie werden durch Prozesse miteinander verbunden. Diese Strukturen und Prozesse zeigen menschliches Handeln im Raum an. Zugleich markieren sie Einschränkungen des Handlungsspielraumes. So wie man gewohnt ist, daß gesellschaftliche oder politische Strukturen erwartete Handlungsspielräume einengen, so tun dies in konkreten Situationen eben auch die räumlichen.

Der Raum ist damit ein Kürzel, das das Zusammenwirken verschiedenartiger, ausgewählter, weil relevanter, Einflußgrößen in einer konkreten Situation bezeichnet; was dabei als „relevant" anzusprechen ist, steht nicht von Beginn an fest. Doch wird man davon ausgehen können, daß es jene sind, die zur räumlichen Differenzierung, zu räumlich unterschiedlichen Ausprägungen von Strukturen und Prozessen beitragen.

In dieser Situation wird es immer darum gehen, die Verteilungen von Phänomenen im Raum zu erfassen, sie zu beschreiben. Hinzu kommen Erklärungsansätze, um die vorhandenen Informationen zu verdichten.

Von Außenstehenden wird – fälschlicherweise – mit der Geographie vor allem der naturdeterministische Erklärungsansatz verbunden. Hierbei wird eine geradezu schicksalhafte Beeinflussung des menschlichen Handelns durch die Natur, die Landschaft oder wie immer die Metapher lauten mag, postuliert. Im Rahmen der aktuellen ökologischen Orientierungen auch im kommunalen Raum werden aber Elemente des Naturraumes wieder verstärkt als rahmensetzende Variablen für menschliche Handlungen verstanden.

III. Der Kommunalraum: Grundlagen kommunalen Handelns

Als zweite These kann formuliert werden:

Der Raum ist die materielle Grundlage für menschliche Handlungen und Rahmen für das menschliche Raumverständnis.

Jeder Landrat, jeder Bürgermeister kommt mit seinem Amtsantritt in die Situation, daß er einem Zuständigkeitsgebiet mit seinen Strukturen und Problemen gegenübersteht. Schickt er sich an, das Vorfindliche zu verändern, ist dies nichts anderes, als daß der Raum ein physisches Substrat und psychosozialer Hintergrund (M. *Boesch,* S. 226) für menschliches Tun ist. Die Errichtung eines Kindergartens, entweder in einem als solchen identifizierbaren neuen oder in einem bestehenden, ursprünglich anders genutzten Gebäude, verändert die räumlichen Strukturen und Prozesse in einer Gemeinde, erzwingt bei betroffenen Eltern neue Orientierungen, Bindungen. Ähnlich die Neuerrichtung eines Einkaufszentrums. Zweifellos weit spektakulärer als der Kindergarten, verändert auch dieses die räumlichen Strukturen, wirkt i.a. über die Gemeindegrenze des Standortes hinaus, hat Umlandbeziehungen, die auf die zentralen Strukturen und Funktionen benachbarter Zentraler Orte zurückwirken können.

Bei genauerem Hinsehen ist die Veränderung räumlicher Strukturen zumal im kommunalen Raum nicht eine bloße Überleitung von einem Zustand in einen neuen. Auch der beispielsweise bei Amtsantritt vorgefundene Zustand kann nicht als eine beliebige Konfiguration von Raumelementen und Prozessen interpretiert werden. Diese räumliche Situation ist wie eine neu zu schaffende ein gewollter Zustand. Ihm liegt absichtsvolles Handeln zugrunde.

IV. Der Kommunalraum: Eine je vorläufige räumliche Ordnung

Es scheint somit nicht den Sachverhalt zu treffen, wenn gesagt wird: Der Raum verändert sich. Zutreffender ist die Vorstellung, daß der Mensch sehr absichtsvoll den Raum verändert.

Daher muß die dritte These lauten:

Der Raum ist das Resultat von menschlichen Handlungen.

Der Raum ist damit nicht nur das Substrat für menschliches Handeln, er ist zugleich auch das Ergebnis dieses Tuns. Der Raum ist stets und zugleich factum und fieri. Aber darin ist mehr zu sehen als nur eine prozeßhaft verflochtene räumliche Wirklichkeit, die durch den Menschen in einem rekursiven Prozeß erst geschaffen wird.

Räumliche Strukturen werden planvoll geschaffen durch ganz konkrete Maßnahmen, nicht zuletzt auch der öffentlichen Hand. Und wenn dieser Aspekt von der Geographie aufgenommen wird, erfährt der Raum eine spezifische Akzentuierung. Weniger die oben angesprochenen Raumvorstellungen finden dann Beachtung, sondern die verwaltungsgeographische Perspektive wird stets die räumliche Ordnung im Kommunalraum betonen.

Der Kommunalraum bedeutet aus der Sicht der Geographie zugleich die vorgefundene räumliche Ordnung aller für Funktionsfähigkeit und Aufgabenerfüllung des Gemeinwesens relevanten Elemente und die Schaffung einer räumlichen Ordnung durch gemeinsame Handlung. Es ist häufiger der Fall, daß die Notwendigkeit einer neuen Ordnung aus ihrem Nichtvorhandensein, der als „Un-Ordnung" wahrgenommenen gegenwärtigen Situation entsteht.

Zunächst werden jene Einflußkräfte offenzulegen sein, die zu einer vorgefundenen Ordnung beitragen, zu ihr geführt haben. Bezüglich der neu anzustrebenden räumlichen Ordnung wird auf jene hemmenden wie förderlichen Faktoren einzugehen sein, die aus der vorhandenen Ordnung wirksam sind. Beabsichtigte Handlungen der kommunalen öffentlichen Hand sind daraufhin abzutasten, ob sie im gegebenen Rahmen zur angestrebten neuen Ordnung beitragen. Im Diskurs mit den Handelnden im Kommunalraum ist dazu beizutragen, daß über dieses Handeln hinsichtlich seiner zweckmäßigen Gestaltung für das angestrebte Ziel reflektiert wird.

Diese dritte These, daß der Raum das (je vorläufige) Ergebnis menschlichen Gestaltungshandelns ist, muß ein wenig präzisiert werden:

Der Mensch schafft sich eine ihm gemäße räumliche Ordnung. Solche vorhandenen Ordnungen, die zumeist als räumliche „Un-Ordnung" empfunden werden, regen damit Handlungen für neue Ordnungen an. Man kann auch formulieren, daß die handelnden Menschen „ein Interesse an einem neuen Zustand der räumlichen Ordnung haben" (*Ante* 1985, S. 96).

Insoweit ist unter Raum nicht einfach „die je eigentümliche räumliche Anordnung und Gliederung von Dingen/Sachverhalten und regionalen Einheiten gemeint" (*Ante* 1985, S. 17), sondern jene, die als räumliche Ordnung angesehen wird.

Es dürfte vermutlich dies auch das Verständnis von Raum sein, das für die im Kommunalraum Handelnden interessant ist.

V. Der Kommunalraum: Ein politisch-administratives Produkt

Um diese Sichtweise zu unterstreichen, darf eine vorläufige vierte These formuliert werden:

Der Raum ist ein produziertes Gut.

Es erleichtert vielleicht das Verständnis, wenn hierbei der Raum als (geordnetes) Standortgefüge vorgestellt wird. Und es gewinnt eine hier zu akzentuierende spezifische Bedeutung, wenn auf den Einfluß der Administration abgestellt wird. In Anlehnung an *Bökemann* (1984) kann dann formuliert werden: Standorte sind das Resultat politischen Handelns, oder als These:

Der Raum ist ein durch politisch-administratives Handeln geschaffenes Produkt.

Ohne mich hier in die ökonomische Theorie der Demokratie und die ökonomische Theorie der Bürokratie zu verlieren (vgl. *Bökemann* 1984, S. 324) steht damit der Eigennutzen der „Regierenden" im Mittelpunkt, die für ihr Handeln durch die Wählervoten entlohnt werden.

Raumpolitisches Handeln – als Metapher für jene Maßnahmen, die auf die ordnende Gestaltung des Raumes, gleichgültig auf welcher Ebene der Gebietskörperschaften/in welcher Kompetenz einer Gebietskörperschaft, zielen – wird von dem Bürger in Abhängigkeit von seiner Betroffenheit bewertet. So wird er sich fragen, wie sehr durch solches Handeln sein eigener Handlungsspielraum verändert wird (Verbesserung/Verschlechterung der Erreichbarkeit; Eigentumssicherheit) und wie sehr sein Handlungsspielraum im Vergleich zu Mitbürgern verändert wird (Begünstigung/Benachteiligung). Der Regierende (Länderregierung, Bürgermeister) kann als Grundeigentümer interpretiert werden, der an einer optimalen Nutzung seines Raumes, der in seinem Gebiet vorhandenen Standorte Interesse hat. „Nach unten" hat er also ein Nutzungsinteresse. Innerhalb eines übergeordneten Gebietes konkurriert dieser Grundeigentümer mit anderen um die Investitionsmittel aus übergeordnetem Kompetenzbereich, mit dem Ziel, die eigene Position zu verbessern. Dies ist sein Positionsinteresse (*Bökemann* 1984, S. 326).

Hinsichtlich des Nutzungsinteresses wird eine möglichst optimale Nutzung aller Standorte im eigenen Gebiet angestrebt. Das Positionsinteresse ist darauf gerichtet, das Raumpotential bzw. den Handlungsspielraum in der eigenen Verfügungsgewalt durch infrastrukturelle Maßnahmen oder andere, etwa eigentumsregelnde Maßnahmen aus der übergeordneten Kompetenzebene zu verbessern. Diese Interessen sind mithin auf die materielle Infrastruktur i. w. S. gerichtet, die die Standorte verbinden, und auf die Systeme, die das nachgeordnete Eigentum sichern.

Eingriffe in das räumliche Gefüge durch Gebietskörperschaften sind demnach Eingriffe in die territorialen Verfügungsrechte und in die Handlungsspielräume der nachgeordneten Gebietskörperschaften bzw. der Grundeigentümer.

Positiv sind sie, wenn die Nutzungsmöglichkeiten vermehrt werden, negativ, wenn Nutzungsmöglichkeiten vermindert werden.

Mit ihren Maßnahmen verändern somit die Regierenden in den Gebietskörperschaften die Qualität der Standorte.

In diesem Sinne produzieren Gebietskörperschaften Güter, die an andere Wirtschaftssubjekte geliefert und von diesen als sehr langlebige Investitionsgüter genutzt werden. Dieses Gut ist der Standort, ihre Summe ist der Raum bzw. die räumliche Ordnung.

Es ist erkennbar, daß in diesem Verständnis die Gebietskörperschaften ihre Standorte, die ihr Territorium bilden, nicht mehr in einem technischen Sinne sehen sollten.

Es kann nicht mehr darum gehen, seitens der Gebietskörperschaften die Schaffung individueller Standortpräferenzen (wie sie auch in der klassischen Wirtschaftsförderung angelegt ist) zu betreiben, also einerseits die Standortfaktoren der Unternehmen hinsichtlich ihrer Nutzungsmöglichkeiten zu steigern, andererseits sich den Daseinsgrundfunktionen in ihren unterschiedlichen Flächennutzungsansprüchen und Standortbedingungen zuzuwenden.

Demgegenüber wird das gestaltende Handeln der Gebietskörperschaften akzentuiert, wird der vorhandene Raum, werden die vorhandenen Standorte als Vorprodukte angesehen, die mit Faktoren der Investitionen und Bodenordnungsmaßnahmen neue Standorte, eine neue räumliche Ordnung schaffen. Leitmotiv dieses Handelns ergibt sich aus der allgemeinen Aufgabe, quasi aus der Gesamtproduktionsrichtung, die „Lebensqualität" eines Kommunalraumes zu schaffen, zu erhalten oder weiterzuentwickeln, mit anderen Worten ein geordnetes Leben im Kommunalraum sicherzustellen. Daß hierzu aus Sicht der Geographie eine conditio sine qua non eben auch die räumliche Ordnung ist, wird vor allem durch die Erfahrung gestützt, daß sich sehr viele, zunächst sektoral erscheinende Probleme im Kommunalraum in Form von Flächenansprüchen als räumliche niederschlagen.

Wenn in jüngerer Zeit die Bedeutung sog. „weicher" Standortfaktoren herausgestellt wird, scheint damit auf die kommunalen Gebietskörperschaften auch vor dem Hintergrund des oben Dargestellten eine weitere Aufgabe zuzukommen: Zur Standortproduktion gehört auch der „Kundendienst", die Standortpflege, womit nicht die Pflege im technischen Sinne, wohl eher jenes Handeln, jene Produktpflege, für die als Metapher die Erhaltung eines „Standortklimas" stehen mag, genannt werden soll. Angesichts zunehmender Restriktionen seitens der EG, die die bisherigen staatlichen Fördermaßnahmen zu beenden trachten, sollte sich die kommunale Ebene diesem neuen Handlungsfeld, das auch Formen der interkommunalen Zusammenarbeit sinnvoll werden läßt, frühzeitig öffnen.

Die geographische Analyse faßt den Kommunalraum als Konkurrenzen von Flächenansprüchen auf, die der ordnenden Vorsorge von Kommunalpolitikern und -beamten bedürfen. Auch in diesem Sinne wird der Kommunalraum „gemacht".

Die angestrebte räumliche Ordnung des gemeindlichen Zusammenlebens ergibt sich nicht nur aus ihren lokalen Bedingtheiten, sondern auch aus jenen Einflüssen, deren Ursprünge nicht innerhalb der Gemeinde liegen, die aber gleichwohl gemeindebezogen und damit relevant sind. Die Gemeinde mit ihrer Ordnung ist stets auch in ein überörtliches Gefüge aus politischen, administrativen, wirtschaftlichen und sozialen Bezügen eingebunden. Sie sind horizontal angelegt, wenn sie sich auf andere Gemeinden beziehen; ihre vertikalen Beziehungen korrespondieren mit der Verwaltungshierarchie.

Die jeweils anzustrebende und angestrebte räumliche Ordnung des gemeindlichen Territoriums, die immer zugleich ein Aspekt des geordneten Zusammenlebens ist, ist mithin ein Ergebnis des Spannungsfeldes aus Handlungen, vorhandenen Strukturen und (Lage-)Beziehungen.

Es ist nicht das geringste Ziel einer geographischen Raumanalyse, dieses wechselseitige Geflecht im Hinblick auf seine Gestaltbarkeit verstehbar zu machen.

Literaturhinweise

Ante, U. (1985): Zur Grundlegung des Gegenstandsbereiches der Politischen Geographie. – Erdkundliches Wissen H. 75. – Stuttgart
Boesch, M. (1989): Engagierte Geographie. Zur Rekonstruktion der Raumwissenschaft als politik-orientierte Geographie. – Erdkundliches Wissen H. 98. – Stuttgart
Bökemann, D. (1984): Theorie der Raumplanung. Regionalwissenschaftliche Grundlagen für die Stadt-, Regional- und Landesplanung. – München, Wien

Empirische verkehrsgeographische Arbeiten in Franken
Konzepte und Fallstudien

KONRAD SCHLIEPHAKE

I. Mobilität und Lebensraum

Über 80 % der Bürger empfinden Verkehrsprobleme als in ihrem Wohnumfeld besonders brennend, Politiker sprechen vom Verkehrsinfarkt. Ursache ist das schnelle Ansteigen der Mobilität im Individualverkehr, jeder Bundesbürger legt im Tagesdurchschnitt 32 km zurück, davon 82 % mit seinem Pkw und 53 % als Erholungs- und Freizeitverkehre (s. Abb. 1).

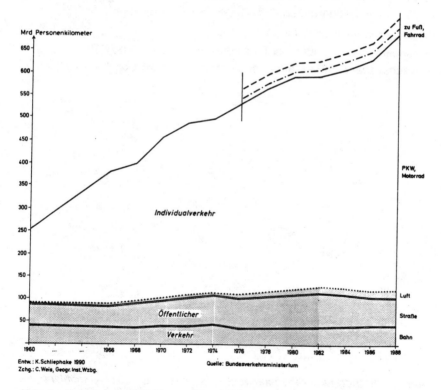

Abb. 1   Bundesrepublik Deutschland. Wachstum der Mobilität 1960–1988

Das schnelle Wachstum beruht nicht so sehr auf dem Anstieg der Bewegungsfälle („Gänge"), sondern der zurückzulegenden Distanz. Schon zu Beginn unseres Jahrhunderts lag die Anzahl der „Gänge" pro mobilem Individuum wie heute bei durchschnittlich vier je Tag, allerdings bei viel geringeren Distanzen.

Die auf Entfernungsleistungen ausgerichteten Statistiken lenken den Blick ausschließlich auf den Individualverkehr (= Pkw), der in bezug auf die Distanzen leistet

– in der Bundesrepublik insgesamt (ohne unmotorisierte Bewegung): ca. 82% der Reisendenkilometer (Rkm);

– in städtischen Räumen: ca. 74% (dagegen Öffentlicher Verkehr = ÖV: 20%, zu Fuß: 6%).

Anders sieht es bei den Bewegungsfällen („Gänge") aus, wovon z. B. in Würzburg stattfinden (s. Kap. III, 1.):

– 51% zu Fuß/Fahrrad;

– 14% mit Öffentlichem Verkehr (Straßenbahn, Bus);

– 35% im Individualverkehr (IV) (Pkw-Fahrer und Mitfahrer).

Auslöser für die wachsende Mobilität sind

– zunehmende Trennung der Funktionen im Raum (s. Abb. 2);

– wachsende räumliche Auseinanderentwicklung der Standorte.

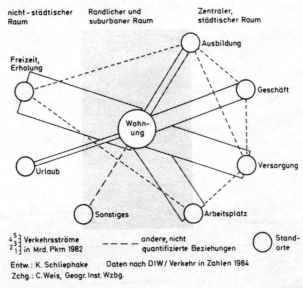

Abb. 2   Standorte der Daseinsgrundfunktionen in der BR Deutschland und Verkehrsströme

Steigendes (Individual-)Verkehrsaufkommen wird zunehmend als umweltschädlich erkannt (s. *Schliephake* 1987). So belegt der Verkehr heute schon 7 % der Fläche der BR Deutschland (ohne Verkehrsanteil an Siedlungsflächen), 65 % der gesamten CO- und NO_2-Emissionen in der BR Deutschland stammen vom Individualverkehr, 28 % der Bundesbürger klagen über Verkehrslärm und 25 % des Gesamtenergieverbrauches entfallen auf den Individualverkehr (allerdings weitere 44 % auf private Haushalte). So nennt jeder zweite Bundesbürger den Verkehr als das wichtigste kommunale Problem, 80 % bewerten die Zunahme des Pkw-Verkehrs negativ (nach Einschätzungen... 1989).

Diese kurze Skizze soll den Pkw nicht verteufeln. Gerade in einem ländlichen Raum wie Unterfranken muß es vielmehr zu sinnvollem Miteinander von Individual- und Öffentlichem Verkehr kommen, letzteren gilt es zu stützen. Während in den Verdichtungsräumen die Rolle des öffentlichen Personenverkehrs zur Flächen- und ökologischen Entlastung inzwischen bekannt ist, reduziert sich das ÖV-Angebot im ländlichen Raum in einem Teufelskreis von stagnierender Nachfrage, steigenden Kosten und (relativ) sinkender Qualität und damit Attraktivität.

II. Verkehrsgeographische Arbeitsschritte

Mit hohem empirischem Aufwand untersuchen wir seit Anfang der 80er Jahre Struktur, Motive und Ausrichtung der ÖV- und Gesamtverkehrsnachfrage in verschiedenen fränkischen Regionen. Ziel ist die Optimierung des ÖV-Angebotes und die Gewinnung von Umsteigern („Kann-Fahrern") aus dem Individualverkehr, soweit ein Nachfragepotential vorhanden ist.

Diese Arbeiten geschahen in Zusammenarbeit mit
- Städten und Gemeinden;
- Verkehrsbetrieben;
- anderen öffentlichen Körperschaften;
- Consulting-Unternehmen.

Dabei sehen wir Mobilität als Gesamtereignis, das gemäß Abb. 3 zu Analysegründen in einzelne Teileelemente zu zerlegen und anschließend integriert zu betrachten ist.

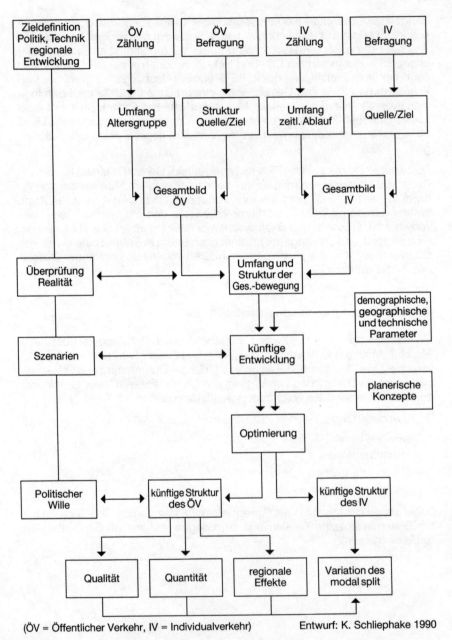

(ÖV = Öffentlicher Verkehr, IV = Individualverkehr)   Entwurf: K. Schliephake 1990

Abb. 3   Verkehrsgeographische Untersuchungen – Arbeitsschritte

Unsere klassischen Arbeitsmethoden sind dabei:
- Zählen/Messen (Fahrgäste nach Qualität und Quantität; Fahrzeuge/Insassen im Individualverkehr);
- Befragen (objektive und subjektive Verhaltensmuster und Meinungen);
- Kartieren (Flächennutzung, Verkehrsströme, Interaktionen),

wobei wir topographisch/räumlich ansetzen können
- an der Quelle (Befragungen zum Mobilitätsverhalten in den Haushalten, Verkehrsspannungen, modal split);
- im Verkehrsstrom (Verkehrszählungen und Befragungen in ÖV und IV, Analyse von Quelle, Ziel und Struktur der aktuellen Nachfrage);
- am Ziel (Attraktivität und Erreichbarkeit der zentralen Orte und ihrer Einzugsbereiche, positive und negative Elemente und Effekte der (Tages-) Mobilität im Siedlungsraum).

III. Fallstudien in Franken

Einige neuere Fallbeispiele sollen, ausgehend von den oben skizzierten Fragestellungen, unsere Arbeitsweise erläutern und gleichzeitig die Bedeutung der Aktivitäten für die regionalen Körperschaften skizzieren. Dabei stellen wir vor Untersuchungen zu
- Stadtverkehr Würzburg und Umland (in Zusammenarbeit mit Würzburger Straßenbahn, Städtischer Heuchelhof-Gesellschaft, APG des Landkreises Würzburg, Kap. III, 1.);
- Taktverkehr Maintal (Lkr. Main-Spessart und Deutsche Bundesbahn, Kap. III, 2.);
- Infrastrukturplanung in der Bayerischen Rhön (Lkr. Rhön-Grabfeld, Arbeitsgemeinschaft Unterfränkisches Grenzland, Kap. III, 3.);
- DB-Strecke Coburg-Rodach (Deutsche Bundesbahn, Lkr. Coburg, Kap. III, 4.).

Zum Abschluß präsentieren wir eine Nachfrageranalyse für den Handel in Bad Windsheim, wo neben Mobilitätsdaten vor allem Kaufkraftflüsse und die (subjektive) Bewertung von „Einkaufsumwelten" im Vordergrund stehen (Kap. III, 5.).

Die Kapitel III, 1. bis III, 3. greifen teilweise auf Texte zurück, die an anderer Stelle (*Schliephake* 1990a) wiedergegeben und für die vorliegende Veröffentlichung nochmals überarbeitet wurden.

1. Stadtverkehr in Würzburg

In noch stärkerem Maße als andere Städte erstickt die „kleine Großstadt" Würzburg (126.000 Einwohner, zur räumlichen Entwicklung vgl. *Jäger &*

Lamping 1974; *Herold* 1982) im Individualverkehr. Der Pkw-Bestand von 57.140 (1989) wuchs bisher um 2,3 % p. a., ein Ende ist nicht abzusehen (Prognose 2000: 62.000–71.000 Pkws). Dazu strömen 1990 werktäglich ca. 75.000 weitere Pkws aus dem Umland in die Stadt (u. a. 35 % Berufspendler, 32 % Einkaufs- und Versorgungspendler), woraus wir einen werktäglichen Bedarf (Saldo) von 112.000 Pkw-Stellplätzen berechnen. Davon zielen 28.500 in die 130 ha große Altstadt, die insgesamt nur 13.000 „offizielle" Parkplätze bietet. Würde man der potentiellen Pkw-Nachfrage ausreichende Stellplätze vorhalten, dann wären 1990 54 % und 2000 63 % der Altstadtfläche (innerhalb der ehemaligen Wallanlagen) als Parkplätze benötigt (zu den Berechnungen vgl. von *Papp* 1987; *Schliephake & Kitz* 1988; 1990). Einen Überblick über Stadtstruktur, Straßen- und Schienenerschließung sowie Problembereiche gibt Abb. 4.

Zumindest für den Lokal- und Regionalverkehr muß das Angebot des ÖPNV an Bedeutung gewinnen, das im Rahmen des „Würzburger Tarifverbundes" von Würzburger Straßenbahn (WSB), Allgemeiner Personenverkehrs-Gesellschaft (APG des Landkreises Würzburg, s. *Knopp & Riedmayer* 1989; *Riedmayer* 1990), DB-Schiene, Omnibusverkehr Franken und privaten Buslinien vorgehalten wird. Der ÖV dürfte derzeit einen Anteil von ca. 14 % an den innerstädtischen Bewegungen (daneben zu Fuß: 51 %, IV: 35 %) und 18 % an den personenkilometrischen Leistungen (dagegen 15 % zu Fuß, 67 % IV) haben. Im Pendlerverkehr über die Stadtgrenzen (ohne nichtmotorisierte Bewegungen) sind es ca. 17 % (für Beruf und Ausbildung: 27,5 % laut Volkszählung 1987).

Aus den Zwängen einer nicht dem Automobilverkehr anpaßbaren Bausubstanz heraus sind sich Stadt und Landkreis der Tatsache bewußt, daß der ÖV gegenüber dem IV zu fördern ist. Dies geschieht durch Maßnahmen wie

– Herausdrängen von auswärtigen Dauerparkern aus Innenstadt und stadtkernnahen Wohngebieten durch Parkuhren und verschärfte kommunale Parküberwachung;

– Subventionierung der laufenden Kosten der Würzburger Straßenbahn-GmbH mit derzeit DM 25 Mio./Jahr;

– Investitionsprogramm der WSB mit Neubauten Linien Heidingsfeld – Heuchelhof (1989) – Rottenbauer (1992), Verlängerungen in die Stadtteile Lengfeld (Plan: 1993), Versbach (nach 1994), Frauenland/Universität am Hubland/Gerbrunn (derzeit fraglich, nach 1994) und Höchberg (wird je nach Kooperationsbereitschaft der Nachbargemeinden ggf. vorgezogen).

Von 1990–1995 sollen Investitionen von ca. DM 200–300 Mio. getätigt werden. Als derzeit eindrucksvollstes Projekt stellt sich die Straßenbahnneubaustrecke der Linie 5 Heidingsfeld–Heuchelhof dar, die bei 5,3 km Länge mit 9,1 % Steigungen seit Betriebsaufnahme (November 1989) die steilste Straßenbahnlinie Deutschlands ist (zu Details vgl. *Schliephake & Kitz* 1988; 1990).

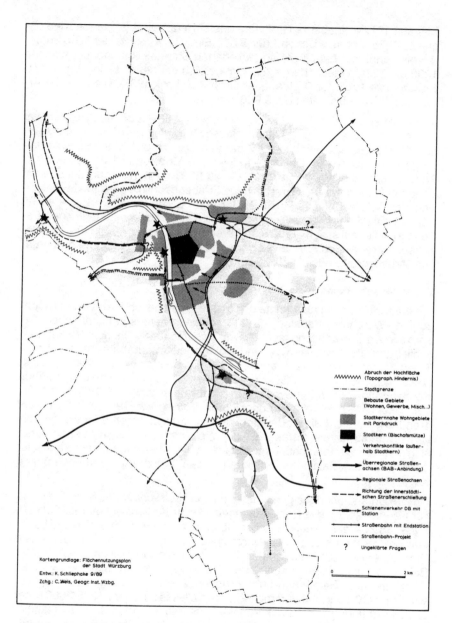

Abb. 4   Würzburg. Stadtstruktur und Verkehr

Das seit 1972 aufgebaute Großwohngebiet Heuchelhof (s. Neubausiedlungen... 1988) hat inzwischen über 8.000 Einwohner (6,4 % der Würzburger Bevölkerung), mit dem 1974 angegliederten Stadtteil Rottenbauer wohnen 1995 ca. 13.000 Menschen im Einzugsbereich der neuen Linien (vgl. *Kitz & Schliephake* 1987; für Rottenbauer *Geist & Schenk* 1987). Die Zahl der Arbeitsplätze wird bis dahin auf 3.000 steigen.

In mehreren empirischen Untersuchungen 1983–1986 analysierten wir Struktur, Zufriedenheit (nur 7 % der Haushalte wollen wegziehen) und Mobilität der Heuchelhofbewohner bzw. der Benutzer der bisherigen Buslinie Heidingsfeld–Heuchelhof. Die hohe individuelle Mobilität (2,1 IV-Fahrtenfälle/Tag, Durchschnitt Würzburg: 1,2), die zu 60 % nach Würzburg-Innenstadt gerichtet ist, wird teilweise auf die neue Straßenbahnlinie gelenkt. Ein Ansteigen der ÖV-Fahrtenfälle von (1988) 7.000 Fahrten/Werktag (dagegen IV: 25.000) auf (1995) 13.000/Werktag erschien als Prognose für die neue Straßenbahnlinie realistisch, 1990 sind bereits 10.000 erreicht. Die für die Investitionen grundlegende Analyse der künftigen Nachfrage konnte durch unsere Arbeitsgruppe geleistet werden.

2. Taktverkehr Maintal (Lkr. Main-Spessart)

Die unterfränkischen Abschnitte des Maintales insbesondere zwischen Ochsenfurt–Würzburg–Karlstadt–Lohr erscheinen bereits in historischer Perspektive als „Entwicklungsachse" (vgl. *Schäfer* 1983). Die gute Verkehrserschließung durch Wasserweg und elektrifizierte Hauptbahn haben diesen Trend weiter verstärkt (s. *Wagner* 1982). Für den Landkreis Main-Spessart (1988: 122.046 Ew. auf 1322 km^2 = 92 Ew./km^2) zeigt sich eine zunehmende Konzentration der Wohnbevölkerung auf die Main-Achse, wo 1970 erst 48 %, 1987 aber 51 % der Kreisbewohner lebten (*Schliephake* 1989, S. 177). Dieser Trend unterstreicht die Bedeutung eines leistungsfähigen öffentlichen Verkehrssystems für die Attraktivität der Wohnstandorte. Sein Ausbau bietet sich gerade im Untersuchungsgebiet an, wo die DB-Neubaustrecke auf einer besonders stark belasteten Schienenstrecke (Würzburg –Gemünden) freie Kapazitäten schafft.

Unsere Untersuchungen gemeinsam mit der Kreisverwaltung Main-Spessart zur Neugestaltung des Schienenangebotes im Regionalverkehr (s. *Schliephake* 1989a) ergaben auf der Achse (ab Lohr) zwischen Gemünden und Landkreisgrenze bei Retzbach ein derzeitiges ÖV-Aufkommen (werktags/beide Richtungen) von 3.150 Fahrtenfällen bei einem modal split von 75 (IV) : 25 (ÖV Bahn und Bus). Bei Einrichtung eines Taktverkehrs auf der Schiene zwischen Würzburg und Gemünden-Lohr prognostizieren wir einen Nachfragezuwachs im ÖV auf 5.000 und mehr Fahrtenfälle bis zum Jahr 1995/2000 unter Berücksichtigung von Bevölkerungskonzentration und Mobilitätszunahme. Voraussetzung sind die regelmäßige Bedienung im $^1/_2$-Stunden-Takt (Hauptverkehrszeit) bzw. 1-Stunden-Takt mit attraktiven Fahrzeugen, der Bau von Park-and-Ride- und „Kiss-and-Ride"-Plätzen für den Übergang IV-ÖV an den Stationen, die Verknüpfung mit dem überregionalen Verkehrsnetz (Inter-Regio-Halt in Gemünden, Intercity in Würzburg und Aschaffenburg), die Abstimmung der zulaufenden Buslinien auf den Schienenverkehrstakt und eine tarifliche Neugestaltung (Verbund). Neben der alten Eisenbahnerstadt Gemünden, die durch den InterRegio-Halt in Richtung Westen oder Norden die überregionale Verknüpfung bietet, behält auch das Mittelzentrum Lohr (s. *Schliephake & Langenheim* 1987) seine verkehrliche Bedeutung als Brechpunkt zwischen den nach Osten (Würzburg) und Westen (Rhein-Main-Gebiet) orientierten Verkehrsströmen.

Die Deutsche Bundesbahn hat unsere Anregungen aufgegriffen und will den von uns vorgeschlagenen Taktverkehr (Lohr–) Gemünden–Würzburg als Regionalbahn einrichten, der gemäß unserem Vorschlag (*Schliephake* 1990d) weiter bis Ochsenfurt–Marktbreit durchgebunden wird. Wenn dabei die Region auch keine „S-Bahn" erhält, wird das neue attraktive Angebot doch die „Kann-Fahrer" zum Umsteigen in den ÖV bewegen und damit Straßen und Umwelt entlasten.

3. Infrastrukturplanung in der Bayerischen Rhön

Von ihrer Lage an der Grenze zur bisherigen DDR und ihrer für die Versorgung problematischen Bevölkerungsdichte (76 Ew./km^2 im Lkr. Rhön-Grabfeld, 87 Ew./km^2 im Lkr. Bad Kissingen) ist die Bayerische Rhön ein besonders schwieriger Fall für den Infrastrukturplaner. Bereits seit 1983 waren wir mit verschiedenen Untersuchungen (vgl. zusammenfassend *Schliephake* 1988) zu aktueller und potentieller Nachfrage der Eisenbahnstrecken Bad Neustadt–Bischofsheim und Jossa–Wildflecken, zum Mobilitäts- und Einkaufsverhalten in den Orten Fladungen (s. auch *Grösch* 1988) und Mellrichstadt–Frickenhausen (*Schenk* 1988) tätig.

Eine neuerliche Analyse in Zusammenarbeit mit der Arbeitsgemeinschaft Unterfränkisches Grenzland (Lkr. Bad Kissingen und Rhön-Grabfeld, Bundes- und Landespolitiker) ging der Frage der Bedeutung der DB-Strecke (Zug und Bus) Schweinfurt–Ebenhausen–Bad Kissingen/Bad Neustadt–Mellrichstadt nach (Bericht bei *Schliephake* 1989b). Diese Abschnitte gehören nicht zum unternehmerischen Kernbereich der Bahn, ihre Einstellung drohte zumindest mittelfristig. Damit hätten die beiden Landkreise – nach Stillegung der Strecken Rottershausen–Stadtlauringen 1960, Mellrichstadt–Fladungen 1987, Bad Neustadt–Bischofsheim 1989 (jeweils Gesamtverkehr) und Bad Neustadt–Bad Königshofen (1976 Personenverkehr) und bei drohender Einstellung der Saaletalbahn Bad Kissingen–Gemünden – ihr Schienennetz vollständig verloren.

Zum anderen erreichen die Vertaktungskonzepte der DB von den Hauptstrecken her die peripheren Äste, und konkrete Vorschläge der öffentlichen Körperschaften hierzu erleichtern positive Planungsschritte des Unternehmens (vgl. aus DB-Sicht *Knopp & Schliephake* 1985).

Unsere Zählungen und Befragungen ergaben für den Abschnitt Ebenhausen–Mellrichstadt eine ÖV-Leistung von 812 Reisenden-Kilometer/km Streckenlänge (davon 31 % Bus) und Ebenhausen–Bad Kissingen von 962 Rkm (4 % Bus). Insgesamt benutzen werktäglich 2.600 Personen die Züge und Busse auf den beiden Abschnitten. Für jede Station einzeln und für die gesamte Strecke konnten wir den modal split (8 % ÖV Schiene und Bus, 7 % Werkverkehre, 85 % IV) sowie das Nachfragepotential bei optimalem Angebot berechnen.

Für die beiden Strecken schlagen wir einen Taktverkehr (Stundentakt mit Ergänzungsfahrten in der Hauptverkehrszeit) auf der Schiene mit modernen Fahrzeugen vor und begründen dies mit möglichen Nachfragezuwächsen (1988–1995) von +18 % bis +51 % aus Umsteigern IV-ÖV und insgesamt zunehmender Mobilität (ähnlich auch Konsequenzen... 1988 für Einzugsbereich von Schweinfurt).

Rund um die Schiene als Hauptabfuhrachse ist das ÖV-Netz gemäß Abb. 5 neu zu ordnen.

Die von uns Anfang 1989 geforderte Verbesserung der ÖV-Verbindung Mellrichstadt–Meiningen/Suhl ist allerdings 1990 von der Wirklichkeit überrollt worden. Während im ersten Halbjahr 1990 Verkehrspolitiker noch zögerten, wurde im Juni 1990 die Bundesbahn mit der Wiederherstellung der durchgehenden Zugverbindung beauftragt, sie soll ab Herbst 1991 wieder von Personen- und Eilzügen (Regionalschnellbahn) Würzburg–Schweinfurt–Meiningen/Erfurt befahren werden. Die historisch und überregional orientierte Untersuchung von *Herold* (1990) ebenso wie unsere eigenen Berechnungen der potentiellen Nachfrage untermauern die Bedeutung der Strecken, für die wir nach Fertigstellung 3.350–3.950 Fahrtenfälle/Tag prognostizieren (*Schliephake* 1990b).

Auch zur Verbesserung der Straßeninfrastruktur konnten unsere Arbeiten Argumente beitragen. Schon seit einiger Zeit reklamierte die Arbeitsgemeinschaft Unterfränkisches Grenzland die schlechte Qualität der Straßenverkehrserschließung in Richtung Westen. Mit dem Bau der Bundesautobahn 66 von Hanau durch das Kinzigtal nach Fulda sah man nun die Möglichkeit zur Verbesserung der Situation, die jedoch eines Straßenneubaus im Bereich Bad Brückenau–Schlüchtern/Steinau bedarf. Den Regionalpolitikern stellten sich nun folgende Fragen:

– Besteht ein Bedürfnis nach einer solchen Verbindung, insbesondere für die regionalen Unternehmen, und würde diese auch benützt?
– Ist die bestehende Straßenlücke tatsächlich für den Verkehr (Personen und Güter) ein Hindernis?

Unsere Arbeitsgruppe (K. *Schliephake* gemeinsam mit R. *Blüm* und M. *Mohr*) ging die Problematik auf zwei Ebenen an.

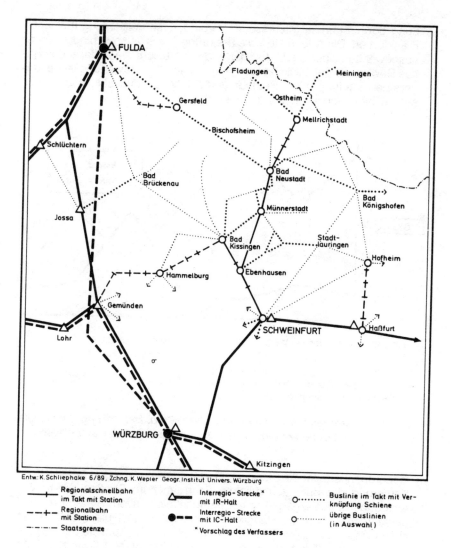

Abb. 5 Bayerische Rhön. Neuordnung des ÖV-Netzes

a) Schriftliche Befragung aller Produktions- und Handwerksbetriebe mit Unterstützung von Industrie- und Handelskammer Würzburg-Schweinfurt und Handwerkskammer Unterfranken (Würzburg). 650 Betriebe mit 22.000 Beschäftigten in den Landkreisen Bad Kissingen und Rhön-Grabfeld gaben ihre Absatzbeziehungen, die Bewertung der Straßenerschließung dorthin und ihr Interesse an Verbindungen in Richtung Kinzigtal–Frankfurt an. Die Abb. 6 stellt die Benotung der Straßenverbindungen zu ausgewählten Absatzgebieten dar und verdeutlicht die auffallend negative Bewertung der Lücke in Richtung Westen. Die Bewertung ist besonders deutlich für größere Betriebe und solche, die tatsächlich schon Absatzbeziehungen in Richtung Frankfurt haben.

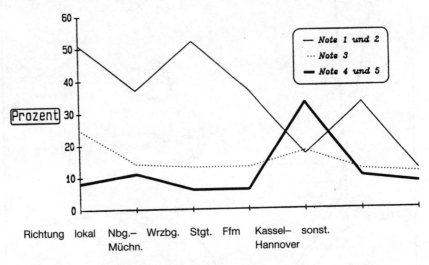

Entwurf: *K. Schliephake* 1989; EDV-Graphik: *R. Blüm*
Quelle: 650 Betriebsbefragungen

Abb. 6 Unternehmer in der Bayerischen Rhön. Beurteilung der Qualität der Straßenverbindungen zu ausgewählten Absatzgebieten

b) Isochronenkarte für die Standorte Bad Brückenau und Bad Neustadt. Die Kartierung der durchschnittlichen Fahrtdauer im Straßenverkehr vom Ausgangsort aus ergab statt der (im Idealfall) konzentrischen Kreise für beide Ausgangsorte eine längliche Konfiguration der Linien gleichen Zeitaufwandes entlang der BAB Fulda–Würzburg. Die Luftlinie der von Bad Brückenau nur 75 km entfernten Stadt Frankfurt ist mit 1,5 Stunden Fahrzeitaufwand zeitlich ebensoweit wie Erlangen oder Rothenburg (Distanz hier 110 km). Für das 30 km östlich liegende Bad Neustadt ist die Abseitslage noch gravierender. Bis Frankfurt (105 km Luftlinie) braucht der Pkw-Fahrer nach unseren Berechnungen über 2 Stunden, in der gleichen Zeit wäre er bereits bis Heilbronn oder südlich von Nürnberg gelangt.

Eine Verbesserung der Straßenerschließung stärkt nicht nur die Attraktivität des Untersuchungsgebietes als Wohn- und Erholungsstandort, sie eröffnet auch dem Gewerbe und dem Handwerk neue Absatzmärkte in den Verdichtungsräumen (hier: Rhein-Main-Gebiet), zu denen das Preis- und Einkommensgefälle recht hoch ist. Durch solche Kontaktvorteile kommen die komparativen Vorzüge der ländlichen Räume (geringere Flächenkosten, höhere „Lebensqualität", s. *Schenk* 1990) erst zum Tragen und sind auch ökonomisch bzw. betriebswirtschaftlich zu nutzen.

4. Eisenbahnstrecke Coburg–Rodach

Wandel im Mobilitätsverhalten der Nachfrager, Abseitslage nach der Grenzziehung 1945 und bei geringerer Bevölkerungsdichte unzureichendes Nachfragepotential ließen und lassen heute noch für die DB-Nebenstrecke Coburg–Rodach die Zukunftsaussichten düster erscheinen. Aufbauend auf einer früheren eigenen Untersuchung 1977 (gemeinsam mit Lkr. Coburg) bat uns die Bundesbahndirektion Nürnberg 1987 um eine neuerliche Analyse.

1977 benutzten 1.370 Reisende/Werktag (= 1.046 Rkm) die 1892 erbaute, 18 km lange Strecke, 1987 blieben noch 860 Reisende bzw. 652 Rkm in den drei Zügen (54 % der Gesamtleistungen) und elf Bussen je Richtung übrig. Den kleinräumlichen Charakter des Aufkommens der Stichbahn (Verlängerungsprojekte in Richtung Eisfeld und Hildburghausen wurden nie realisiert), das zu 53 % aus Jugendlichen und zu 54 % aus weiblichen Fahrgästen besteht, verdeutlicht Abb. 7 (S. 48).

Fast 50 % der Benutzer reisen kostenlos (Schüler, Schwerbeschädigte, DB-Personal), nur 9 % sind „Kann-Fahrer" mit Pkw- und Führerscheinbesitz.

Bevölkerungsrückgang insgesamt seit 1970 (Rodach 1970–1988: – 1 % p. a.), Schülerrückgang (Meder und Rodach 1975–1987: – 3,8 % p. a.) und individuelle Motorisierung sind Ursache; der ÖV leistet noch ca. 10 % der Gesamtbewegungen entlang der Achse.

Im Gegensatz zur Strecke Bad Neustadt–Bischofsheim (s. Kap. III, 3.) gibt es jedoch bei ca. 7.000 Einwohnern im Einzugsbereich der Bahn (zusätzlich 1.850 in der durch Bus erschlossenen Fläche), die zudem alle auf das mögliche Oberzentrum Coburg ausgerichtet sind, ein erhebliches Nachfragepotential, das in Abb. 8 (S. 49) als Ergebnis unserer Berechnungen (Szenarien) aufgezeigt ist.

Gemäß Bevölkerungsentwicklung (Szenario a) und Prognose Bundesverkehrsministerium (b) muß die ÖV-Nachfrage weiter zurückgehen, allerdings steigt die Gesamtmobilität (c) in der Region (a, b und c nach *Kuhfeld & Niklas* 1983). Bei Angebotsverbesserung kann jedoch der ÖV einen Anteil an den Gesamtbewegungen von 15 % (d) bis 20 % (e) erreichen, wie dies Prognosen des Bundesverkehrsministeriums vorsehen (nach Konsequenzen… 1988). Im konkreten Fall kommen zum endogenen Potential noch die Gäste des Thermalbades Rodach (durchschnittlich 700 Besucher/Tag), die jedoch derzeit fast ausschließlich mit IV oder im Bus-Gelegenheitsverkehr anreisen.

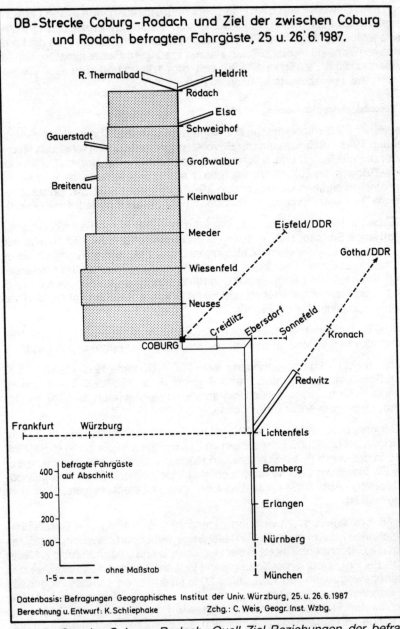

Abb. 7   Strecke Coburg–Rodach. Quell-Ziel-Beziehungen der befragten Fahrgäste (1987).

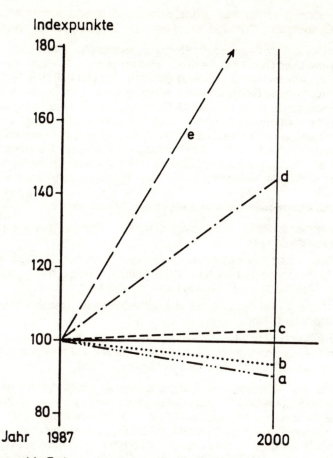

Erläuterungen = siehe Text
Berechnung: K. Schliephake, Geogr. Inst. Univ. Wzbg.
Zchg.: C. Weis   12/1987.

Abb. 8 DB-Strecke Coburg–Rodach. Entwicklung der Verkehrsnachfrage 1987–2000 (verschiedene Parameter, 1987 = 100)

Falls 10–15% den ÖV benutzen, ergeben sich weitere 140–210 Fahrtenfälle/Werktag, die insbesondere dann auf die Schiene zu lenken sind, wenn durchgehende Fahrten ab Bamberg und direkter Busanschluß Rodach Bahnhof–Thermalbad angeboten werden.

Unsere planerischen Vorschläge zielten schon 1988 auf

– Einführung Taktverkehr Schiene mit flächenerschließender Ringbuslinie im Bereich Rodach-Thermalbad und Ortsteile;

— Integration in ein tariflich und fahrplanmäßig abgestimmtes Angebot für den Gesamtraum Coburger Land (einschl. Stadtverkehr Coburg).

Die Wirklichkeit hat unsere Projektionen eingeholt. Mit Beseitigung der Grenze ersticken Coburg und sein Umland im Individualverkehr, der Ausbau des ÖV als Alternative ist dringend geboten. Der von uns bereits 1977 und 1987 vorgetragene Gedanke eines Verkehrsverbundes (Deutsche Bundesbahn, Regional- und Stadtbusse) für Coburg Stadt und Land, ausgreifend bis zu den Nachbarstädten Sonneberg, Eisfeld und ggf. Hildburghausen wird von den regionalen Körperschaften akzeptiert. Er soll, mit einer neuerlichen Analyse der Gesamtmobilität als Grundlage, nun energisch verfolgt werden, wobei der Würzburger Tarifverbund als erster Verbund im ländlichen Raum unter Einschluß der Schiene (vgl. hier Kap. III, 1.) als Vorbild dient.

5. Einzelhandelsnachfrage in Bad Windsheim (Mittelfranken)

Hier waren verschiedene empirische Untersuchungen vorausgegangen, die sich beschäftigten mit

— Einkäufer- und Konsumentenbefragungen (Herkunft, Einkaufsverhalten) u. a. in Würzburg (*Schliephake* 1976; 1989c), Kulmbach (ausgewertet bei *Tyrakowski* 1984) und Thurnau (unveröffentlicht);

— Ausstattung und Attraktivität des Einzelhandels (Buchholz/Nordheide; *Schliephake* 1979);

— Mobilität und Einkaufsverhalten von ausgewählten Haushalten in ländlichen Gemeinden Unterfrankens (an der Quelle; s. *Schliephake* 1988; zusammenfassend u. a. *Schenk & Schliephake* 1989).

Die Stadt Bad Windsheim war, nicht zuletzt angeregt durch eine wissenschaftliche Staatsarbeit (*Grosch* 1990), an uns herangetreten, um anhand einer Analyse von Struktur, Herkunft, ökonomischem Verhalten und Wünschen der Einkäufer Hinweise für die künftige Gestaltung des Einkaufsumfeldes und des Angebotes (Branchenlücken) zu bekommen. Die Arbeiten erfolgten in enger Abstimmung mit Stadtverwaltung, Einzelhandelsverband, Werbegemeinschaft und lokalem IHK-Gremium (Ergebnisse bei *Schliephake, Glaser, Grösch & Grosch* 1990; *Schliephake* 1990c; *Grosch & Schliephake* 1990). In einem ersten Durchgang im Dezember 1989 befragten wir 1.124 Einkäufer im „Möglichen Mittelzentrum" (11.100 Ew.) an Standorten im Stadtkern und am Stadtrand. Die nach Wohnstandorten der Einkäufer (zu einem Drittel Auswärtige) differenzierten Auswertungen erlauben Rückschlüsse auf

— Stärken und Schwächen des Einzelhandels (Branchen, Standorte, atmosphärische Elemente);

— Kaufkraftflüsse nach Branchen, ausgehend von einer Durchschnittsausgabe von DM 97 pro Befragtem;

— Einzugsbereich des zentralen Ortes Bad Windsheim und Schätzungen der Bindung von Kaufkraft aus den Nachbargemeinden.

Ein wesentliches Ergebnis der ersten Befragung war die Erkenntnis, daß atmosphärische Elemente in der Stadt vom Einkäufer insbesondere aus dem weiteren Einzugsbereich (bis einschl. Verdichtungsraum Nürnberg–Fürth–Erlangen) offensichtlich besonders positiv bewertet werden. Ein weiterer Durchgang im Mai 1990 konnte mit einem speziell dazu entworfenen Fragebogen an einem reduzierten Sample (280 Interviews) diese Erkenntnis überprüfen. In einem Polaritätsprofil nahmen die Befragten zu vorgegebenen Aussagen mit den Bewertungen „sehr dagegen – egal – sehr dafür" Stellung (s. Abb. 9).

Aussage	sehr dagegen	egal	sehr dafür
1a - mehr Tiefgaragen			
1b - mehr Parkhaus			
1c - mehr Großparkplatz			
2 - bessere Pkw-Ereichb.			
3 - pkw-freie Innenstadt			
4 - mehr verkehrsber. Zonen			
Bad Windsheimer ———			
Auswärtige – – – –			

Quelle: 279 Einkäuferbefragungen, Geographisches Institut der Univ. Würzburg, Mai 1990

Abb. 9   Bad Windsheim. Bewertung Verkehrsplanung durch Einkäufer

Wir erreichten damit neben der stärkeren Akzentuierung von Branchendefiziten klar positive Stellung zu Aussagen wie
– „mehr Grün und Freifläche in der Innenstadt, mehr Altstadtatmosphäre, mehr Verkehrsberuhigung/autofreie Innenstadt";

im Mittelfeld (positive und negative Meinungen in der Waage) fanden sich Äußerungen wie
– „Förderung Pkw-Erreichbarkeit, Ausbau Großparkplätze";

und abgelehnt wurden Forderungen nach
– „Bau Parkplatz, mehr Supermärkte am Stadtrand, Bau Tiefgarage".

Sicherlich sollte man die oft auch widersprüchlichen Ergebnisse der Abfrage subjektiver Meinungen nicht überbewerten, wünscht sich doch der Kunde so unvereinbare Elemente wie
– „billigste Preise, breites Warenangebot", aber „kleinteilige Handelsstruktur und Altstadtatmosphäre statt beliebigen Supermärkten auf der grünen Wiese";
– „mehr Grün- und Freiflächen, autofreie Innenstadt", aber „gute Pkw-Erreichbarkeit und Großparkplätze".

Trotzdem konnte unsere Untersuchung zu wichtigen derzeit anstehenden Planungsfragen (Bau Tiefgarage, Verkehrsberuhigung, Gegensatz Handelsstandorte Innenstadt/Stadtrand, Branchendefizite, Zielrichtung der Werbung) der Stadtverwaltung und dem Handel bedeutende Entscheidungshilfen geben.

IV. Bewertung

Die gute Zusammenarbeit mit den Institutionen, die einen Teil der Sachkosten trugen, erleichterte unsere Aufgaben in Lehre und Forschung und war auch fachlich ertragreich. Dabei traten wir bewußt nicht als „Gutachter" auf, sondern übernahmen nur solche Fragestellungen, die bei hoher empirischer Tiefe (sinnvoller Einsatz von Studenten im Rahmen der praxisorientierten Ausbildung) auch für unsere wissenschaftlichen Anliegen Ertrag versprachen. Deswegen werden auch die Ergebnisse i.d.R. veröffentlicht (s. hier Literaturverzeichnis).

Es kann nicht Aufgabe von Universitätsinstituten sein, professionellen Consultingfirmen Konkurrenz zu machen (die übrigens zunehmend auf unsere Absolventen zurückgreifen). Vielmehr muß bei den regionalen Körperschaften das Bewußtsein dafür geweckt bzw. aufrechterhalten werden, daß nur durch fachlich/wissenschaftliche Beratung (auf umfangreichen empirischen Datensätzen aufbauend) die kostspieligen (Infrastruktur-)Investitionen sinnvoll einzusetzen sind.

Insgesamt kann die Wissenschaft Anregungen geben und Daten vorlegen, die dann regionale Planungsträger und Politiker verwenden. Die Durchführung selbst müssen wir Berufeneren überlassen.

Hinweis

An den vorgestellten Untersuchungen waren neben den genannten und zitierten Autoren noch folgende Geographen und Geographinnen in unseren Arbeitsgruppen tätig:

Karlheinz *Betz,* Reinhard *Blüm,* Klaus *Daschakowsky,* Dagmar *Eisen,* Wolfgang *Filippi,* Christian *Langenheim,* Mario *Mohr* und Helmuth *Schenk.*

Literaturhinweise

(Zu einigen Untersuchungen liegen zusätzliche unveröffentlichte Arbeitsberichte vor, die beim Verf. angefordert werden können.)

Einschätzungen zur Mobilität. Grundlagen für ein public-awareness-Konzept (1989). – Köln (Verband öffentl. Verkehrsbetriebe und Fa. Socialdata).

Geist, H., & Schenk, W. (1987): Strukturmerkmale und Funktionswandel in Würzburg-Rottenbauer. – In: Würzburger Geogr. Manuskripte 18, S. 89–113.

Grösch, P. (1988): Fladungen – Kleinstadt in erzwungener Grenzlage. – In: Würzburger Geogr. Manuskripte 21, S. 156–183.

Herold, A. (1990): Berlin-Leipzig-Würzburg-Stuttgart-Zürich. Chancen einer dritten Nord-Süd-Magistrale (= Schriftenr. d. IHK Würzburg-Schweinfurt 13). Würzburg.
Jäger, H., & Lamping, H. (1974): Das Würzburger Gemeindegebiet. – In: Veröffentl. d. Akad. f. Raumf. u. Landesplanung, Forschungs- und Sitzungsber. 97, Hannover, S. 3–25.
Kitz, E., & Schliephake, K. (1987): Der neue Stadtteil Würzburg Heuchelhof. – In: Würzburger Geogr. Manuskripte 18, S. 3–87.
Knopp, H. J., & Schliephake, K. (1985): SPNV im Umfeld von Großstädten. – In: Die Bundesbahn 61, 1985, 3, S. 191–195.
Konsequenzen zukünftiger sozio-ökonomischer und siedlungsstruktureller Veränderungen für die Gestaltung des ÖPNV (1988) (= Forsch. Stadtverkehr, Sonderh. 41). Bonn.
Kuhfeld, H., & Niklas, J. (1983): Die Entwicklung des Personenverkehrs in den Regionen der Bundesrepublik Deutschland bis zum Jahr 2000 (= Beitr. z. Strukturforschung 177). Berlin.
Neubausiedlungen in den 60er und 70er Jahren (1988). Städtebaulicher Bericht der Bundesregierung (= Drucksache 11/2568 vom 23.06.1988).
Papp, A. von (1987): Alte Stadt – moderner Verkehr. In: Würzburg heute 44, S. 3–7.
Riedmayer, J. (1990): Verkehrsverbund im ländlichen Raum. – In: Material z. angew. Geogr. 18, S. 59–71.
Riedmayer, J., & Knopp, H. J. (1989): ÖPNV-Verbund mit der DB-Schiene in einem mittleren Verdichtungsraum (= Würzburg). – In: Die Bundesbahn 1989, 3, S. 235–240.
Schäfer, H.-P. (1983): Siedlungsgeographische Aspekte mainfränkischer Kulturlandschaftsentwicklung nach 1800. – In: Würzburger Geogr. Arb. 60, S. 265–285.
Schenk, W. (1988): Mellrichstadt-Frickenhausen – Bevölkerungszuwachs ohne lokale Versorgung. – In: Würzburger Geogr. Manuskripte 21, S. 242–250.
Schenk, W. (1990): Infrastrukturen in ländlichen Räumen – Beobachtungen zu deren Zustand und künftigen Entwicklung in Unterfranken. – In: Material z. angew. Geogr. 18, S. 179–190.
Schenk, W., & Schliephake, K. (1989): Zustand und Bewertung ländlicher Infrastruktur. – In: Ber. d. dt. Landesk. 63, 1989, 1, S. 157–179.
Schliephake, K. (1976): Wo kommen Würzburgs Käufer her? – In: Würzburg heute 21, S. 101–104.
Schliephake, K. (1979): Struktur und Einzugsbereich des tertiären Sektors im Bereich der Stadt Buchholz in der Nordheide (= Würzburger Geogr. Manuskripte 13).
Schliephake, K. (1987b): Verkehrsgeographie. – In: Geogr. Rundschau 39, 1987, 4, S. 200–212.
Schliephake, K. (Hrsg.) (1988): Infrastrukturen in ländlichen Räumen Unterfrankens (= Würzburger Geogr. Manuskripte 21).
Schliephake, K. (Hrsg.) (1989a): Der öffentliche Personennahverkehr auf der Main-Achse (= Würzburger Geogr. Manuskripte 23).
Schliephake, K. (Hrsg.) (1989b): Der öffentliche Personenverkehr auf Schiene und Straße in der Bayerischen Rhön (= Würzburger Geogr. Manuskripte 25).
Schliephake, K. (1989c): Das Kiliani-Fest in Würzburg. Wirtschaftsgeogr. Aspekte des größten unterfränkischen Volksfestes. – In: Würzburger Geogr. Manuskripte 22, S. 97–120.
Schliephake, K. (1990a): Aktuelle Infrastrukturmaßnahmen und Forschungen in Unterfranken. – In: Material z. angew. Geogr. 18, S. 203–220.

Schliephake, K. (1990b): Personenmobilität in der DDR. Berechnungen und ihre Anwendung am Beispiel des Eisenbahn-Lückenschlusses Mellrichstadt-Meiningen. – In: Verkehr + Technik 63, 1990, 10, S. 377–379.
Schliephake, K. (1990c): Einkäufer und Einkaufsumwelt. Ergebnisse einer Befragung in Bad Windsheim. – In: Würzburger Geogr. Manuskripte 26, S. 151–160.
Schliephake, K. (1990d): Der öffentliche Personennahverkehr auf der Mainachse Würzburg-Ochsenfurt-Marktbreit/Frickenhausen. – In: Würzburger Geogr. Manuskripte 27. (im Druck).
Schliephake, K., & Kitz, E. (1988): Straßenbahnneubau Würzburg-Heuchelhof. – In: Verkehr + Technik 61, 1988, 12, S. 489–496.
Schliephake, K., & Kitz, E. (1990): Perspektiven des Würzburger Stadtverkehrs nach Fertigstellung der Stadtbahn-Neubaustrecke 5. – In: Verkehr + Technik 63, 1990, 9, S. 329–334.
Schliephake, K., & Glaser, R., & Grösch, P., & Grosch, D. (1990): Der Handel in Bad Windsheim. – In: Würzburger Geogr. Manuskripte 26, S. 91–150.
Schliephake, K., & Langenheim, C. (1987): Lohr und sein Umland. Verkehrsverflechtungen und Möglichkeiten zur planerischen Beeinflussung. – Lohr (Stadtverw.).
Tyrakowski, K. (1984): Einkaufsstandort Kulmbach. – In: Arbeitsmat. z. Raumord. u. Raumplanung, 32, S. 251–273. Bayreuth.
Verkehr in Zahlen 1989. – Bonn (Bundesverkehrsmin.).
Wagner, H. G. (1982): Das mittlere Maintal. – In: Würzburger Geogr. Arb. 57, S. 7–23.

Fremdenverkehrsplanung
Erfahrungsbericht aufgrund empirischer Arbeiten

WOLFGANG PINKWART und WINFRIED SCHENK

I. Fremdenverkehr im Spannungsfeld von Angebot und Nachfrage

Fremdenverkehrliche Leistungen unterliegen in einem marktwirtschaftlichen System dem Wechselspiel von Angebot und Nachfrage (*Braun & Schliephake* 1987a). Regionale und kommunale Trägerschaften tragen im Verbund mit Privatunternehmer ein fremdenverkehrliches Angebot an einen Nachfrager heran, der aus einer Überfülle von Angeboten in diesem Bereich auswählen kann. Der Tourist, ja selbst der Naherholungssuchende, gleicht dabei heute einem scheuen Reh, das ständig seinen Standort wechselt und nur mühsam an einen Ort gebunden werden kann. Jahrzehntelange Treue zu einem Urlaubsort, wie dies typisch war für die Touristengeneration nach dem Zweiten Weltkrieg, ist zunehmend die Ausnahme.

Die konkurrenzielle Situation der Mittelgebirgslagen ist im Gesamtgefüge des fremdenverkehrlichen Angebotes für die Bundesbürger, und dazu muß man inzwischen die gesamte Erde zählen, in Zeiten hoher allgemeiner Kaufkraft und damit hoher Mobilitätsmöglichkeiten besonders angespannt; denn Urlaubsangebote in Mittelgebirgen sind im Vergleich etwa zu Hochgebirgs- und Meereslagen oder gar zu ausländischen Urlaubsregionen wenig spektakulär und sprechen deshalb vornehmlich einen bestimmten Urlaubertypus an, der einen ruhigen und vor allem preiswerten Urlaub schätzt (*Hartmann* 1982, *Lohmann & Wohlmann* 1987). Das Angebot dieser Regionen kann – bei aller landschaftlichen Schönheit und Attraktivität im Einzelfall – für das mittlere Deutschland als beinahe ubiquitär bezeichnet werden. Der Konkurrenzkampf zwischen solchen – cum grano salis – ähnlich strukturierten Regionen ist daher besonders hart. Die regionalen wie betrieblichen Einnahmen aus dem Fremdenverkehr bleiben deshalb oft hinter den Erwartungen zurück und beschränken dadurch auch die Investitionsbereitschaft wie -fähigkeit und die Innovationslust der Anbieter fremdenverkehrlicher Leistungen in diesen Lagen, was wiederum unbefriedigende Angebots- und Nachfragestrukturen festzuschreiben droht. Dabei besteht die Gefahr, notwendige Wandlungen im Fremdenverkehr, die u. a. aus demographischen Wandlungen (*Bucher* 1986) wie aus Veränderungen im Freizeit- und Urlaubsverhalten der Bundesbürger (*Opaschowski* 1983, *Storbeck* 1988) resultieren, nicht mehr nachvollziehen zu können, so daß dieses Gewerbe als betriebliche wie regionale Einkommensquelle bei nicht zu unterschätzenden allgemeinen Problemen im ländlichen Raum (*Schenk & Schliephake* 1989) auszufallen droht.

Diese hier knapp skizzierte Problemsituation des Fremdenverkehrs in Mittelgebirgslagen der Bundesrepublik Deutschland zeigt die unbedingte Notwendigkeit von Planung auch und gerade auf kommunaler Ebene; denn kommunale Körperschaften sind in einer Vielzahl von Formen Träger oder Koordinatoren von örtlichen oder regionalen Anstrengungen im Fremdenverkehr. Gerade auf dieser Ebene sind aber die Eigenmittel bekanntermaßen knapp und für eine Vielzahl von anderweitigen Aufgabenstellungen mit höherer Rentierlichkeit oder gesellschaftlicher Bedeutung verplant oder gebunden; Fremdmittel bedürfen gut begründeter Anträge. Trotzdem wird gerade in diesem Bereich in starkem Maße dilettiert (*Busch* 1986), was sich etwa in der Besetzung von Fremdenverkehrsämtern mit Fachfremden zeigt oder der Tatsache, daß die Fremdenverkehrsförderung innerhalb der kommunalen Verwaltungen in einer Vielzahl der Fälle lediglich einem übergeordneten Ressort beioder untergeordnet wird. Damit besteht die Gefahr, aufgrund konzeptioneller und administrativer Fehler Einkommenschancen nicht wahrzunehmen oder Investitionen nicht effektiv einzusetzen.

Initiativen und Investitionen im Bereich des Fremdenverkehrs bedürfen also, faßt man die bisherigen Ausführungen zusammen, ebenso sorgfältiger planerischer Vorbereitungen und Umsetzungen, wie dies in anderen Bereichen der kommunalen Verwaltung üblich ist.

Beiträge, die die Fremdenverkehrsgeographie (allgemein *Wolf & Jurczek* 1986) als Teil der Angewandten Geographie für die kommunale Fremdenverkehrsplanung erbringen kann, sollen im folgenden auf der Basis eigener empirischer Arbeiten zur Angebots- und Nachfrageseite des Fremdenverkehrs vorgestellt werden (*Braun & Schliephake* 1987b; *Pinkwart* 1986, 1989; *Pinkwart & Glaser* 1989; *Pinkwart & Schenk* 1990; *Schenk* 1988, 1989a, 1989b; *Schliephake, Zimmermann, Vogel & Schenk* 1990).

II. Femdenverkehrsgeographisches Arbeiten im Angebot-Nachfrage-System

Abb. 1 (S. 65) gibt einen Überblick über fremdenverkehrsgeographisches Arbeiten im Angebot-Nachfrage-System. Sie zeigt die Abfolge von Arbeitsschritten in Bezug auf die zu berücksichtigenden Einflußgrößen auf den Planungsprozeß bei der Erstellung eines umfassenden regionalen Fremdenverkehrskonzeptes:

- In einer propädeutischen Phase gilt es, den Ist-Zustand des Fremdenverkehrs im Untersuchungsgebiet zu erfassen, um damit Stärken wie Defizite des gegenwärtigen Fremdenverkehrs offenzulegen.
- In einer zweiten Phase ist die erfaßte Fremdenverkehrsstruktur hinsichtlich ihrer zukünftigen Entwicklungsmöglichkeiten unter dem Einfluß regional nicht steuerbarer Einflußgrößen wie allgemeine Bevölkerungsentwicklung, konjunkturelle Entwicklung, Moden und Zyklen des Fremdenverkehrs fort-

zuschreiben, um anhand dieser Analyse die künftige ökonomische und soziale Tragfähigkeit der eingeschlagenen Richtung zu erhellen.
- Auf der Basis dieser Analyse können dann in einer dritten Phase realistische Konzepte des künftigen Fremdenverkehrs in einer Region entwickelt werden. Diese Projektionen müssen die sozialen, ökonomischen und ökologischen Ziele und Kapazitäten der Anbieterseiter mit der Beschreibung gewünschter und vorhandener regionaler und saisonaler Gästegruppen in Zusammenhang bringen.
- In einer vierten Phase schließlich sind mit Blick auf die ökonomischen und administrativ-planerischen Kapazitäten der Fremdenverkehrsträger und unter Berücksichtigung der generellen und regionalen Möglichkeiten von Imagesteuerung, Werbung und Marketierung konkrete Maßnahmen zu formulieren, die die Einlösung des gewählten Weges der fremdenverkehrlichen Entwicklung versprechen.

Die Umsetzung und Überwachung der Maßnahmen liegt in der Hand der Träger des Fremdenverkehrs.

III. Beispiele für Beiträge der Fremdenverkehrsgeographie zur kommunalen Fremdenverkehrsplanung

Zu den spezifischen Stärken geographischen Arbeitens gehört der Umgang mit raumbezogenen Daten und Qualitäten, die, in Diagramme und Karten umgesetzt, die Genese und den aktuellen Zustand von Strukturen wie deren künftige Entwicklung deutlich werden lassen.

Dies kommt dem Anliegen dieses Aufsatzes zugute, der nachfolgend möglichst anschaulich Beispiele aus fremdenverkehrsgeographischen Arbeiten des Geographischen Institutes der Universität Würzburg vorstellen will und folglich Sachverhalte in den Mittelpunkt stellt, die mittels Graphiken und Karten den Beitrag der Fremdenverkehrsgeographie zu der kommunalen Fremdenverkehrsplanung verdeutlichen können. Die Gliederung folgt dabei dem dargelegten Angebot-Nachfrage-Konzept.

1. Fremdenverkehrsgeographisches Arbeiten bei der Analyse wie konzeptionellen Planung auf der Anbieterseite

Die ausgewählten Beispiele für fremdenverkehrsgeographisches Arbeiten auf der fremdenverkehrlichen Nachfragerseite entstammen innerhalb des skizzierten Planungsganges zuvörderst der ersten Phase, der Erfassung der aktuellen Fremdenverkehrsstrukturen, und der letzten Phase, wo es um die Beschreibung von konkreten Maßnahmen geht (vgl. Abb. 1, S. 65).

Ein erster Einstieg in die Analyse von aktuellen Anbieterstrukturen in einer Fremdenverkehrsregion können die offiziellen Daten der Statistischen Landesämter sein. Diese sind jedoch aufgrund der gewählten räumlichen Bezüge wie definitorischer Einschränkungen nur bedingt für eine regionalisierte, gar nicht für eine einzelbetriebliche Analyse brauchbar. So verschwinden in Großgemeinden fremdenverkehrlich bedeutsame Ortsteile hinter Gemeindedurchschnittswerten; zudem sind nicht alle Gemeinden verpflichtet, fremdenverkehrlich relevante Daten zu erheben, und selbst in Gemeinden mit Berichtsverpflichtung werden nur Beherbergungsbetriebe mit mehr als acht Betten erfaßt (vgl. etwa Bayerische Gemeindedaten).

Eine differenziertere Interpretation unter regionalen, zeitlich-saisonalen, strukturellen und einzelbetrieblichen Aspekten ist bei gezielter Auswertung von Originaldaten etwa aus Fremdenverkehrsämtern möglich. Doch auch diese Daten erlauben aufgrund ihres summarischen Charakters in der Regel nicht, die spezifischen Fragen zu lösen, die zur Erfassung der aktuellen Angebotssituation notwendig sind. Dazu bedarf es Erhebungen mittels offener Interviews oder – das ist der häufigere Fall – strukturierter Fragebögen, die gezielt Sachverhalte abfragen, die zur Beschreibung des aktuellen Standes des Fremdenverkehrs wie zu dessen künftiger Planung notwendig sind. Solche Fragekataloge zielen auf die Erfassung objektiver Daten (z.B. Alter der Besucher) wie auch von Meinungen und Einschätzungen (Putativfragen; z.B. zur Attraktivität des Fremdenverkehrsortes) ab. Auf der Basis solcher Massendaten lassen sich etwa in Form einfacher Diagrammdarstellungen (Abb. 2, S. 66) durch die Kombination der beiden Fragetypen unter Berücksichtigung statistischer Grundsätze (*Busch* 1986) regionale, soziale wie auch anbietertypenspezifische Differenzierungen in der Angebotsstruktur wie in der Haltung der Anbieter zum Fremdenverkehr sichtbar machen. Besonders aufschlußreich ist es, wenn etwa mittels Polaritätsprofilen (Abb. 3, S. 67) die Meinungen der Anbieter mit denen der Nachfrager gespiegelt werden (*Schenk* 1989).

Interpretationen der Angaben aus den Originalerhebungen lassen Aussagen zu Stärken und Mängeln des aktuellen Fremdenverkehrsangebotes zu sowie eine Einschätzung des Trends hinsichtlich der Innovationsfähigkeit der fremdenverkehrlichen Anbieter sowie deren Investitionsbereitschaft und -möglichkeiten.

Der Erfassung des gegenwärtigen Angebotsgefüges wie der Einschätzung dessen weiterer Entwicklung dienen Kartierungen. Mit Hilfe von Funktionskartierungen lassen sich z.B. nicht- oder fehlgenutzte Gebäude ausfindig machen, die für eine fremdenverkehrliche Nutzung in Frage kommen. Eine solche Kartierung kann kombiniert werden mit einer Bewertung von Gebäuden oder ganzen Ensembles hinsichtlich deren Attraktivität für den Fremdenverkehr nach einem summarischen Maßstab (Abb. 4, S. 68). Daraus können, bei aller Problematik solcher Versuche (*Scheurer* 1983/85), etwa im Rahmen von Dorfsanierungen, fallbezogene Verbesserungsmaßnahmen im Baubestand vorgeschlagen werden (*Pinkwart & Schenk* 1990).

Die Auskartierung von raumbezogenen Dichtewerten, zu indizieren z.B. über Geschoßflächenzahlen, läßt Gebiete unterschiedlicher Belastung sichtbar werden. Die dabei erzielbaren Erkenntnisse erlauben die kartographische Darstellung von räumlichen Konflikten und geben Hinweise für konkrete Planungsmaßnahmen als letzten Schritt im Planungsgang (vgl. wiederum Abb. 1, S. 65). Die Aussagen dieser Karten sind zu verbinden mit Überlegungen zur einzelbetrieblichen Förderung. Vorschläge für konkrete Maßnahmen zur fremdenverkehrlichen Förderung schließen die Untersuchung der Angebotsseite einer Fremdenverkehrsregion ab.

Für die Entwicklung eines Gesamtkonzeptes der Fremdenverkehrsentwicklung, welche die Marketingseite einschließen muß, bedarf es in Ergänzung der Analyse der Anbieterschaft einer gründlichen Untersuchung der Nachfragerseite.

2. Fremdenverkehrsgeographische Arbeiten auf der Nachfragerseite

Bildet die Bewertung des touristischen Angebotes einer Region oder einer Gemeinde einen Aspekt zur Beurteilung möglicher Entwicklungen, so müssen entsprechende Nachfrageanalysen hinzutreten, um die Wirkung vorhandener Angebotsstrukturen bzw. deren eventuellen Veränderungen abschätzen zu können (vgl. *Wolf & Jurczek* 1986, S. 31 ff.).

In den vergangenen zehn Jahren wurden vom Geographischen Institut der Universität Würzburg nicht nur in vielen Teilen Unterfrankens solche Nachfrageanalysen durchgeführt, deren praxisorientierte Umsetzungsmöglichkeiten mehrfach bestätigt worden sind (*Pinkwart* 1986, 1989; *Pinkwart, Glaser & Schenk* 1989; *Pinkwart & Schenk* 1990; *Schenk* 1988, 1989a/b; *Schliephake* u. a. 1990).

Touristische Nachfrageanalysen können auf kommunaler Ebene, besser aber auf regionaler Ebene mehr oder weniger geschlossener Fremdenverkehrsräume vorgenommen werden. Auf solche regionale Untersuchungen können dann sowohl die entsprechenden Regionen insgesamt zurückgreifen (z. B. Landkreise oder – besser noch – Fremdenverkehrsverbände) wie auch einzelne Kommunen, die in diese Regionen eingebunden sind.

a) Beschreibung der Erhebungsdaten

Vereinfacht gesehen sind es vier Komplexe, die ein gewisses Grundmuster der Befragungen bilden (Abb. 5, S. 69):

(1) **Allgemeine demographische und soziale Daten** der befragten Gäste, dazu gehören: Alters-, Familien-, Berufs- und Einkommensstrukturen oder Herkunft.

(2) **Spezifische – auf die Fremdenverkehrsregion bezogene – strukturelle Daten der Gäste**, dazu gehören u. a. Übernachtungs- und Verpflegungsart, Aufenthaltsdauer bezogen auf Tage oder Tageszeiten, Besuchswiederholungen, Reiseverkehrsmittel, Anlaß des Aufenthaltes oder Tagesausgaben.

(3) **Allgemeine freizeitspezifische Daten zur Person bzw. zur Familie** der Befragten, wie die Priorität verschiedener Freizeitmöglichkeiten, unterschiedliche Aufenthaltsmotive oder das Mobilitätsverhalten innerhalb und außerhalb der Fremdenverkehrsregion.

(4) Sog. **Interdependenzdaten zur Beurteilung des regionalen oder lokalen Angebotes**, wie eine allgemeine Landschaftsbewertung, die Bewertung der fremdenverkehrlichen Infrastruktur, Wünsche oder Ablehnungen zu schaffender fremdenverkehrlicher Einrichtungen.

In diese Untersuchungskomplexe können – angepaßt an das Angebotsmuster der jeweiligen Region – arttypische Fragen eingearbeitet werden, Fragen also, die z. B. auf den Mittelgebirgs-, den Bäder-, den Städte- oder den Weintourismus eingehen sollen.

b) Die Interpretationswürdigkeit von Erhebungsdaten

Grundsätzlich wird – bezogen auf jeden einzelnen Befragungsgegenstand – Einblick in das Strukturgefüge der Urlaubsgäste und Naherholungssuchenden gestattet. Dies ist aber nur dann möglich, wenn die Datensätze auf einer quantitativ umfassenden Befragung basieren (vgl. u. a. *Basler* 1968, 1988), und wir sind deshalb bestrebt, bei solchen Untersuchungen mindestens ca. 1.000 Datensätze zu erheben. Dennoch ist auch unter diesen Voraussetzungen ein eindeutiger Schluß aus der Stichprobe auf die Gesamtheit nicht möglich.

Effektiv lassen sich solche Daten interpretieren, wenn bestimmte Aussagen miteinander in Verbindung gebracht werden, das heißt, wenn bestimmte Merkmale gegeneinander abgetestet werden.

So können u. a. im Hinblick auf die Aufenthaltsmotive „Campinggäste" sich völlig anders verhalten als „Pensions- und Hotelgäste" oder „Naherholungssuchende", bestimmte Bildungs- und Berufsgruppen unterschiedliche Raumansprüche stellen oder – wie in Abb. 6 (S. 70) exemplarisch dargestellt wird – Zusammenhänge zwischen dem Alter der Gäste und der Ausgabefreudigkeit der Gäste bestehen.

c) Beispiele

An vier konkreten Beispielen aus Untersuchungen der letzten Jahre soll im folgenden dargelegt werden, welche Aussagen derartige Nachfragedaten erlauben und welche planerischen Umsetzungen in diesen Daten enthalten sind.

Beispiel: Gästeeinzugsgebiete

Als erstes wird die Herkunft von Gästen in zwei verschiedenen touristischen Regionen Unterfrankens gegenübergestellt.

Abb. 7 a (S. 71) weist die Herkunft von Pensions-, Hotel- und Campinggästen des Landkreises Miltenberg aus dem Jahre 1987 aus (*Pinkwart, Glaser &*

Schenk 1989). Zwei touristische Einzugsgebiete kristallisieren sich sichtbar heraus: Die Hotel- und Pensionsgäste reisen in deutlicher Mehrheit aus dem Verdichtungsraum an Rhein und Ruhr an, die Campinggäste stammen in gleicher Weise mehrheitlich aus dem benachbarten hessischen Rhein-Main-Verdichtungsraum.

Neben einer gewissen, aber schon geringeren Konzentration von Gästen aus Baden-Württemberg fallen alle anderen Teile der Bundesrepublik wenig ins Gewicht; vor allem bayerische Übernachtungsgäste werden kaum angetroffen.

Ein anderes Bild zeigt die Herkunft von Touristen in den Winzerorten der Volkacher Mainschleife (Abb. 7 b, S. 72). Zwar wurden in dieser Karte andere Darstellungsmodalitäten zugrunde gelegt, dennoch läßt sich die veränderte Figuration des touristischen Einzugsgebietes erkennen. Die fränkischen Weinbaugemeinden bilden – im Gegensatz zum Spessart – beliebte touristische Ziele für Gäste aus den übrigen Teilen Bayerns, insbesondere aus den südlichen bayerischen Regierungsbezirken. Berücksichtigt man außerdem, daß u. a. auch die zu Mainfranken verkehrsgünstig gelegenen östlichen Gebietsteile Niedersachsens als touristisches Einzugsgebiet stärker in Erscheinung treten, dann scheint folgende vorsichtige Interpretation erlaubt:

Mittelgebirgsstandorte werben über ihren Landschaftsnamen mit ihrer spezifischen Eigenheit. Der Feriengast in Miltenberg will nicht irgendein Mittelgebirge besuchen, er hat sich bewußt den Spessart oder Odenwald ausgesucht. Gleiches kann im Schwarzwald, im Harz oder in anderen Mittelgebirgsregionen vermutet werden. Weinbauregionen hingegen wirken als Landschaftstyp, die fränkischen Weinbaugemeinden werden dort erfolgreich um Touristen werben können, wo sich kein näher gelegenes Weinbaugebiet konkurrierend anbieten kann.

Beispiel: Beurteilung des touristischen Angebotes durch die Gäste

Das zweite Beispiel (Abb. 8, S. 73) stellt das Resultat einer Angebotsbewertung durch den Gast dar (*Pinkwart* 1986). In diesem Diagramm wird sowohl die hierarchische Ordnung des absoluten Gästeurteils über diverse Angebotsobjekte, wie auch die relative Beteiligung der Gäste an der Bewertung sichtbar; denn es ist für eine praxisorientierte Umsetzung solcher Bewertungen wichtig zu wissen, welche typenspezifischen Verhaltensweisen die Gäste offenbaren (vgl. *Schulz* 1978, S. 43 f.) bzw. wieviele Gäste hinter den Urteilen stehen. Die günstigsten Wertungen erhalten in diesem Beispiel allgemeine Bereiche wie „Landschaft" oder „Siedlungsbilder", die sich der Manipulation durch den Fremdenverkehrsanbieter weitgehend entziehen.

Beispiel: Tageszeitliche Präsenz der Gäste in der Fremdenverkehrsregion

Das nächste Beispiel soll das unterschiedliche Verhalten von Gästegruppen im Hinblick auf ihre tageszeitliche Präsenz in der Erholungsregion (hier: Volkacher Mainschleife; Abb. 9, S. 74) verdeutlichen (*Pinkwart & Schenk* 1990).

Dieser Wert läßt sich über die Registrierung der Ankunfts- und Abfahrtszeiten errechnen. Ohne auf die Interpretation solcher Werte hier näher einzugehen, mag die Gegenüberstellung zweier Daten, nämlich der der Tages- und Kurzurlauber (Wochenendgäste), deren unterschiedliche Aufenthaltsmuster demonstrieren: Um 12 Uhr mittags halten sich bereits 70 % der Kurzurlauber in der Region auf, bei den Tagesgästen sind es nicht einmal 50 %; noch deutlicher sind die Unterschiede in den Abendstunden, denn während nur jeder zehnte Tagesgast nach 20 Uhr in der Region verbleibt, sind es bei den Kurzurlaubern immerhin noch 40 %.

Solche Unterschiede können sich direkt auf andere räumliche Prozesse auswirken. Es sei hier nur die ökonomische Inwertsetzung erwähnt: Der Kurzurlauber nutzt das touristische Angebot quasi „rund um die Uhr"! Seine gegenüber allen anderen Gästegruppen höher zu veranschlagende wirtschaftliche Bedeutung bezieht sich somit nicht nur auf die Ausschöpfung des Beherbergungsgewerbes, er nutzt allein durch seine höhere zeiträumliche Präsenz im Tagesverlauf auch das gastronomische und alle anderen Dienstleistungsangebote intensiver als andere Gästegruppen.

Beispiel: Mobilitätsmuster im Fremdenverkehrsraum

Diesem Beispiel (Abb. 10, S. 75) liegt eine Befragung von Tagestouristen der Stadt Würzburg aus dem Jahre 1988 zugrunde (*Pinkwart* 1989). Im Hinblick auf spezifische städtetouristische Probleme wurden die interviewten Gäste gebeten, die Teilräume der Würzburger Innenstadt zu nennen, die sie während ihres Aufenthaltes in der Stadt aufgesucht hatten bzw. aufsuchen wollten.

Das Ergebnis ist insofern überraschend, als der städtetouristische Mobilitätsrahmen noch begrenzter zu sein scheint, als ohnehin angenommen werden konnte. Nur ein kleiner Bereich der Innenstadt wird überhaupt von Touristen aufgesucht, und nicht einmal jeder zweite Besucher verläßt die kurze Achse zwischen Residenz und Dom.

d) Kommunalplanerische Umsetzungsmöglichkeiten von touristischen Nachfrageanalysen

Die hier dargelegten vier Beispiele mögen die Möglichkeiten andeuten, in welcher Weise Ergebnisse touristischer Nachfrageanalysen bei kommunalen Planungsvorhaben unmittelbar praxisnah umgesetzt werden können. Sie vermögen Marketingkonzepte zu unterstützen, gezielte Werbestrategien zu entwickeln oder Hinweise auf mögliche Angebotsverbesserungen zu liefern; sie können aber auch vor ungewünschten Entwicklungen bestimmter Fremdenverkehrslandschaften warnen.

Schließlich mag das Beispiel des eingeschränkten touristischen Mobilitätsverhaltens in der Würzburger Innenstadt generell zur Konzeption einer fremdenverkehrlichen Verkehrsleitplanung anregen.

IV. Zusammenfassung

Fremdenverkehrsgeographische Arbeiten – insbesondere, wenn touristische Angebots- und Nachfragestrukturen gleichermaßen aufgedeckt werden – vermögen der kommunalen Verwaltung wertvolle Hinweise für ihre Planungspolitik zu liefern. Dabei gewinnt die Tätigkeit des Geographen deshalb an Gewicht, weil er durch seine Ausbildung befähigt sein sollte, über den Rand sachbezogener Singularitäten hinauszudenken, um gesamträumliche Zusammenhänge zu analysieren und zu werten.

Unter diesem Aspekt sind fremdenverkehrsgeographische Angebots- und Nachfrageanalysen in vielfacher Weise beachtenswert:

(1) Sie bieten empirische Datensätze für eine wissenschaftliche Hypothesenbildung.

(2) Sie liefern Basisdaten für regionale, insbesondere für kommunale Maßnahmen innerhalb der allgemeinen Wirtschaftsförderung.

(3) Sie können stützende Daten zur kommunalen Fremdenverkehrsentwicklung anbieten, und dabei

   a) Leitlinien zur materiellen und immateriellen Veränderung und Verbesserung der fremdenverkehrlichen Infrastruktur aufzeigen und

   b) Hilfestellung bei der Erstellung von Marketingkonzepten liefern.

(4) Sie können innerhalb von Dorferneuerungs- und Dorfsanierungsmaßnahmen wesentliche flankierende Maßnahmen indizieren und

(5) Sie können grundlegende Aussagen zur Belastbarkeit touristischer Regionen treffen.

Literaturhinweise

Anders, H.-J. (1987): Möglichkeiten und Grenzen von Marktanalysen im Touristiksektor. – Neues Archiv für Niedersachsen 36 (3), S. 253–267.
Basler, H. (1968): Grundbegriffe der Wahrscheinlichkeitsrechnung und statistische Methodenlehre. – Würzburg, Wien.
Braun, G., & Schliephake, K. (1987a): Fremdenverkehr und Raumangebot. Wahrnehmung, Bewertung, Auslastung und Belastung. – Geographische Zeitschrift 75 (1), S. 41–59.
Braun, G., & Schliephake, K. (1987b): Ossiach als Fremdenverkehrsraum. Wahrnehmung, Bewertung und Raumpotential im Angebot-Nachfrage-System. – Klagenfurt (= Schriftenreihe für Raumforschung und Raumplanung 33).
Bucher, H. (1986): Bevölkerungsentwicklung in der Bundesrepublik Deutschland. – Geographische Rundschau 38 (9), S. 448–454.
Busch, H. (1986): Umsetzung von Methoden und Kenntnissen der Fremdenverkehrs- und Freizeitforschung in die kommunale Praxis. – In: Fremdenverkehr und Freizeit. Entwicklung ohne Expansion. Material zur Angewandten Geographie 13, S. 55–64. Bochum.

Hartmann, K.-D. (1982): Zur Psychologie des Landschaftserlebens im Tourismus. – Starnberg
Opaschowski, H. W. (1983): Arbeit, Freizeit, Lebenssinn? Orientierung für eine Zukunft, die längst begonnen hat. – Leverkusen.
Pinkwart, W. (1986): Urlaubs- und Naherholungsgäste im Landkreis Main-Spessart im Sommer 1986. Eine fremdenverkehrsgeographische Studie. – Würzburg (Ms.).
Pinkwart, W. (Hrsg.) (1989): Geographische Elemente von Fremdenverkehr und Naherholung in Würzburg. – Würzburger Geographische Manuskripte 22.
Pinkwart, W., & Glaser, R. (1989): Gästestrukturen im Landkreis Miltenberg. – In: *Pinkwart, W., Glaser, R., & Schenk, W.:* Fremdenverkehrsgeographische Untersuchungen am Untermain, S. 23–204 (= Kommunal- und Regionalstudien 5).
Pinkwart, W., & Schenk, W. (1990): Ansätze einer touristischen Entwicklung Wipfelds im Kontext der Fremdenverkehrsregion Volkacher Mainschleife. – Würzburg (Ms.).
Schenk, W. (1988): Zur Akzeptanz der „Ebracher Abteiserenade vom 26.7.1987". – Eine fremdenverkehrsgeographische Potentialanaylse. – Würzburg/Ebrach.
Schenk, W. (1989a): Kongruenzen und Divergenzen von Anbieter- und Nachfragerstrukturen fremdenverkehrlicher Leistungen – exemplarisch untersucht an den Gemeinden Großheubach und Klingenberg/Landkreis Miltenberg. – In: *Pinkwart, W., & Glaser, R.,* S. 205–286.
Schenk, W. (1989b): Klingenberg – Kleine Stadt mit großem touristischem Potential. Ergebnisse einer fremdenverkehrsgeographischen Untersuchung. – Wirtschaft am Untermain 43 (9), S. 422–426.
Schenk, W., & Schliephake, K. (1989): Zustand und Bewertung ländlicher Infrastrukturen: Idylle oder Drama? – Ergebnisse aus Unterfranken. – Berichte zur deutschen Landeskunde 63 (1), S. 157–179.
Scheurer, T. (1983/85): Landschaftsbewertung – eine Bewertung der Seele? – Jahrbuch der Geographischen Gesellschaft von Bern 55, S. 385–396.
Schliephake, K., Zimmermann, F., Vogel, H., & Schenk, W. (1990): Ossiacher See – Standorte, Perspektiven und Möglichkeiten der planerischen Beeinflussung des Fremdenverkehrs im Seebereich. – Klagenfurt.
Schulz, H. J. (1978): Naherholungsgebiete. Grundlagen der Planung und Entwicklung. – Berlin, Hamburg.
Storbeck, D. (Hrsg.) (1988): Moderner Tourismus – Tendenzen und Ausrichtungen. – Trier (= Materialien zur Fremdenverkehrsgeographie 17).
Wolf, K., & Jurzcek, P. (1986): Geographie der Freizeit und des Tourismus. – Stuttgart.

Planungs- und Arbeitsphasen: Erfassung				
Anbieterseite			**Nachfragerseite**	
Analyse offizieller Strukturdaten	Befragung Anbieter	Kartierungen: Funktion Attraktivität Belastung	Analyse offizieller Strukturdaten	Befragungen: – allg. demogr. u. soz. Daten – regionsbezogen – Motivforschung – Bewertung Angebot
Struktur Angebot			Struktur Nachfrage	
aktuelle Situation des Fremdenverkehrs: Vorzüge/Mängel				

Planungs- und Arbeitsphasen: Fortschreibung

| allg. demogr. und ökonom. Entwicklung Zyklen d. Anbieter | → | regional nicht beeinflußbare Entwicklung des Fremdenverkehrs | ← | allg. demogr. u. ökonom. Entwicklung/Moden u. Zyklen d. Nachfrager |

Planungs- und Arbeitsphasen: Konzeptualisierung/Zielformulierung

| soziale, ökonomische u. ökologische Ziele | → | Konzepte des zukünftigen Fremdenverkehrs | ← | gewünschte soziale, regionale u. saisonale Gästegruppen |

Planungs- und Arbeitsphasen: Formulierung von Maßnahmen

| ökonom.-administrat. Möglichkeiten/Planungsinstrumentarium | → | Maßnahmen zur Gestaltung des Fremdenverkehrs | ← | Möglichkeiten der Imagesteuerung und des Marketings |

| Flächennutzungsplanung | Infrastrukturplanung | betriebliche Förderung | Marketing (Werbung) |

☐ = Arbeitsschritte   ☐ = Einflußgrößen auf Planungsprozeß
in Anlehnung an *Schliephake* 1989; *W. Schenk/W. Pinkwart* 1990.

Abb. 1 *Angewandte fremdenverkehrsgeographische Arbeit im Angebots-Nachfrage-System: Arbeitsschritte und Einflußgrößen auf den Planungsprozeß*

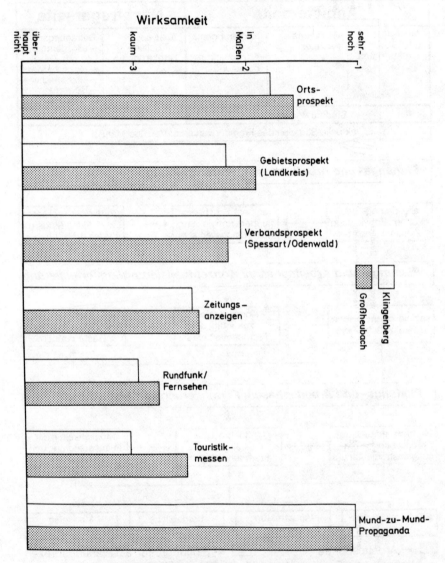

Abb. 2 Die Wirksamkeit touristischer Werbeträger am Beispiel der Gemeinden Klingenberg und Großheubach/Lks. Miltenberg
(Quelle: Schenk 1989a)

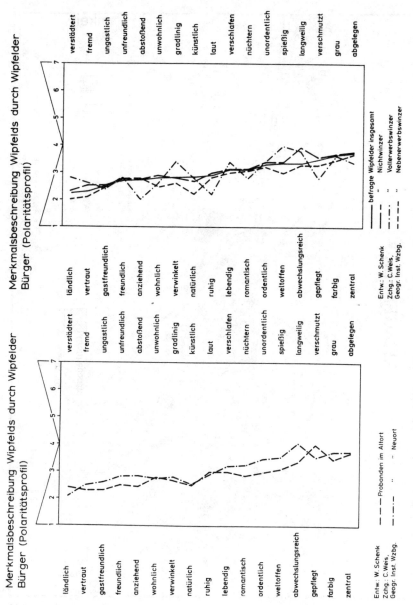

Abb. 3 Merkmalsbeschreibung einer Gemeinde durch ihre Bürger am Beispiel von Wipfeld/Lks. Schweinfurt (Polaritätsprofil)
(Quelle: Pinkwart/Schenk 1990)

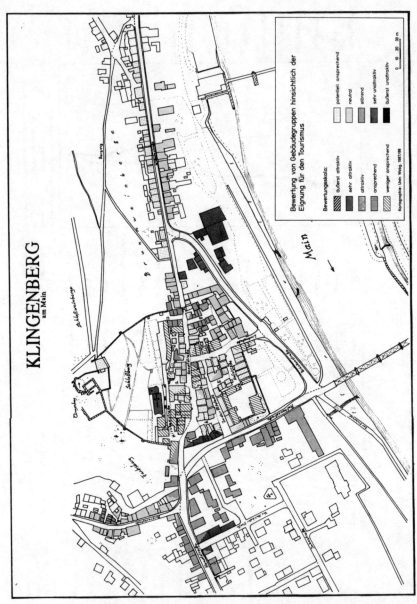

Abb. 4　Bewertung von Gebäudegruppen hinsichtlich ihrer touristischen Eignung am Beispiel der Stadt Klingenberg/Lks. Miltenberg
(*Quelle:* Pinkwart, Glaser *1989*)

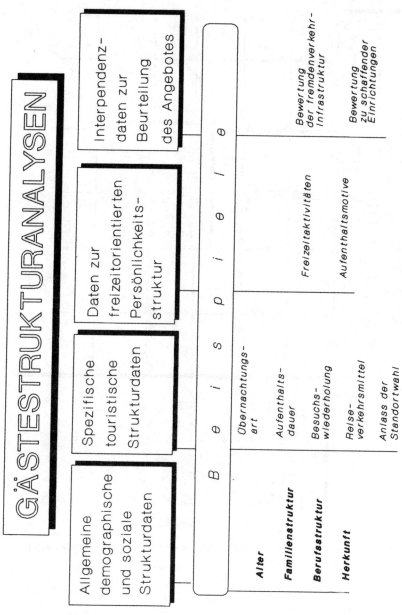

Abb. 5 Erhebungshorizonte bei Gästebefragungen
(*Entwurf:* Pinkwart 1990)

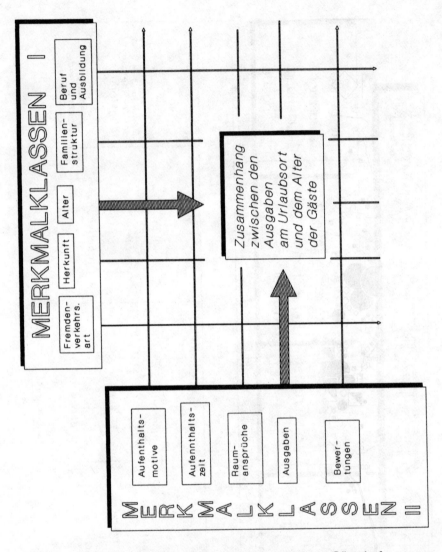

Abb. 6 Schema zur Interpretation von Datensätzen aus Gästebefragungen (Entwurf: Pinkwart 1990)

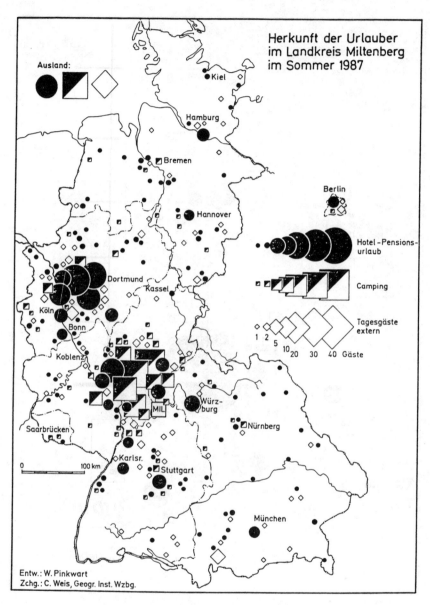

Abb. 7 a Vergleich der Gästeeinzugsgebiete in zwei unterfränkischen Fremdenverkehrsregionen
(*Quelle:* Pinkwart & Glaser *1989;* Pinkwart & Schenk *1990*)
Herkunft der Urlaubsgäste im Landkreis Miltenberg 1988

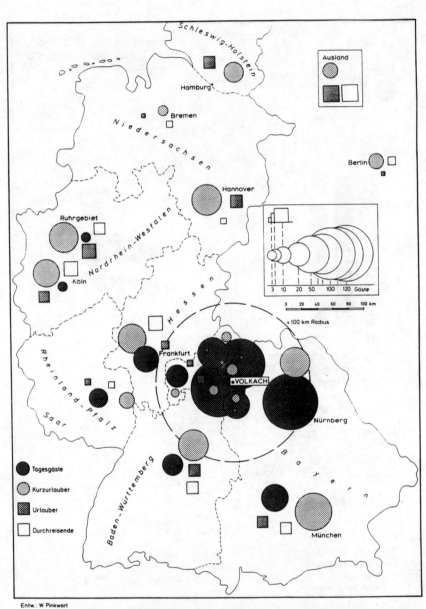

*Abb. 7 b Vergleich der Gästeeinzugsgebiete in zwei unterfränkischen Fremdenverkehrsregionen
(Quelle:* Pinkwart & Glaser *1989;* Pinkwart & Schenk *1990)
Herkunft der Gäste an der Volkacher Mainschleife 1989*

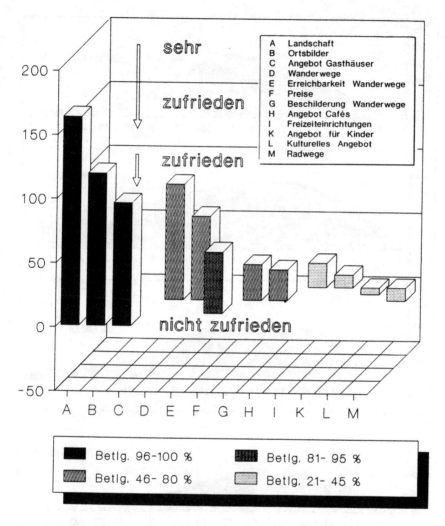

Liste verkürzt

Abb. 8 Bewertung eines regionalen touristischen Angebotes durch die Gäste am Beispiel einer Erhebung im Landkreis Main-Spessart 1986
(Quelle: Pinkwart *1986)*

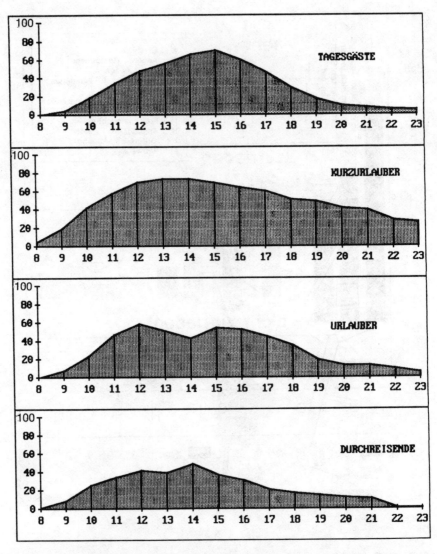

Abb. 9 Aufenthaltszeiten verschiedener Gästegruppen in einer Fremdenverkehrsregion am Beispiel der Volkacher Mainschleife
(Quelle: Pinkwart & Glaser 1990)

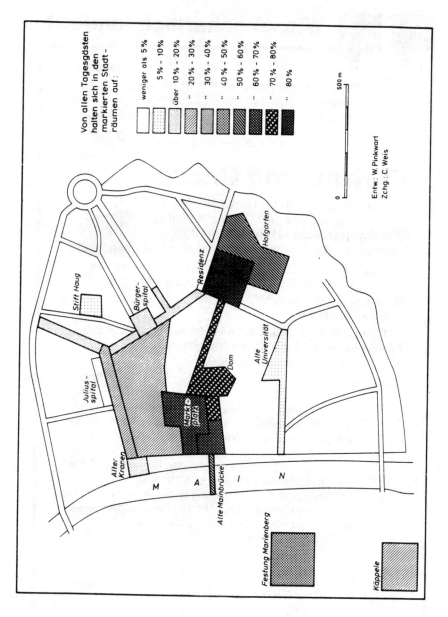

Abb. 10 Die Frequentierung städtischer Teilräume durch Tagesgäste am Beispiel der Stadt Würzburg
(Quelle: Pinkwart 1989)

Wissenschaftlich fundiert.

Die jährlich stattfindende Tagung der wissenschaftlichen Mitarbeiter/innen des öffentlichen Rechts verfolgt das Ziel, der wissenschaftlichen Öffentlichkeit die Forschungsarbeit der Assistentinnen und Assistenten der Fachrichtung Öffentliches Recht nahezubringen.

Umwelt und Recht

**Normative Situation im Umweltrecht
Eigentumsgarantie und Umweltschutz
Entsorgungsrecht · Umwelt und Völkerrecht
Neue umweltpolitische Dimensionen im Europarecht**

herausgegeben von Ralph Alexander Lorz, Ute Spies, Wolfgang Götz Deventer und Michaela Schmidt-Schlaeger

30. Tagung der Wissenschaftlichen Mitarbeiter der Fachrichtung »Öffentliches Recht«

1991, 198 Seiten, DM 56,–; für Assistenten an Universitäten DM 48,– (unverbindliche Preisempfehlung)

Assistententagung Öffentliches Recht

ISBN 3-415-01587-4

Wie notwendig gerade die Auseinandersetzung mit umweltpolitischen Fragen geworden ist, wird mit Blick auf die verheerenden ökologischen Schäden in den ostdeutschen Ländern deutlich. So werden die normative Situation im Umweltrecht, das Spannungsverhältnis von Eigentumsgarantie und Umweltschutz, die Schwierigkeit der Umsetzung ökologischer Gesichtspunkte im Entsorgungsrecht, die Regelungsdichte im Völkerrecht sowie die umweltpolitischen Dimensionen im Europarecht einer kritischen Würdigung unterzogen.

März 1991

Zu beziehen bei Ihrer Buchhandlung oder beim
RICHARD BOORBERG VERLAG · Scharrstraße 2 · 7000 Stuttgart 80

⍟|BOORBERG